JN335808

外資系CFO&コンサルタントが書いた

外資系企業経理入門

Essentials of Finance, Accounting & Tax for Foreign-afilliated Companies

青山隆治 Ryuji Aoyama
大塚　裕 Yutaka Otuka

税務経理協会

はじめに

　最近メディアにおいて，中国・韓国・台湾などのアジア系企業が日系企業を買収するというニュースが聞かれるようになりました。今までは日本国内にある外資系企業はアメリカやヨーロッパ系資本によるものが多かったですが，今後はアジア系資本が増えていく可能性があります。このように日系企業がある日突然外資系企業になるということはもはや珍しくありません。こんなとき，経理の現場では業務のやり方を日系スタイルから大きく外資系スタイルに変えてゆく必要があります。

　外資系企業の経理というと，英文会計とよばれる英文簿記・財務報告の作成テクニックが真っ先に思い浮かびますが，それ以外にも外資系企業の経理は日系企業と異なる点が散見されます。例えば，組織一つとってみても，マトリックス型とよばれる機能別，顧客別等の複数の報告ラインがあります。また，帳簿管理面でも，日本の帳簿と本国報告用の帳簿とを管理しなければなりません。決算の早期化を実現するためにはこれを実務上どのように管理するのかを考えていく必要があります。さらに，本国との取引等で税務上どのような点に留意しなければならないのか，等実務面で頭を悩ます場面があります。

　筆者は現在リソース・グローバル・プロフェッショナル・ジャパン㈱という財務・会計・内部統制・ITコンサルティング会社において，主に外資系企業の経理の実務の現場に身を置いて，プロジェクト業務，新たな仕組み作りや，はたまたコントローラーやマネジャーの代行等，言わば「経理・財務業務のピンチヒッター」役としてお客様のお手伝いをさせていただいております。そのような現場におりますと，初心者への手引きとなるような外資系経理に関する書籍が見当たらないとの現場の方々からのお嘆きの声もあって，今回この出版企画が日の目をみることとなりました。筆者は第1章，第2章，第6章を担当し，外資系企業の経理概要，会計帳簿管理，税務について執筆いたしました。

　一方，共著者の大塚 裕氏は，当初，公認会計士として監査法人にお勤めで

したが，ビジネスの世界に転じられ，日系企業が米国系企業に買収された後に新会社として再出発した企業に入社され，経理・財務部門でさまざまな仕組み作りから実務対応に至るまで部を率いてこられ，現在は外資系企業のCFO（最高財務責任者）としての重責を担っておられます。外資系企業のCFOの眼で，本書の第3章，第4章，第5章をご担当いただき，外資系企業の会計報告，予算管理，内部統制面での留意事項などについて執筆いただきました。

　また，今回本書の執筆の過程で，日本オラクル㈱　アプリケーション事業統括本部ディレクターの桜本利幸様からは多くの資料をご提供いただき，厚く御礼を申し上げます。オラクル社はグローバルで2003年に大きなオペレーション改革を行い，経理業務の標準化とスリム化を実現しました。この先端例が様々な企業で参考になるものと考え，掲載させていただきました。

　本書は，外資系企業におられる方はもちろんのこと，これから外資系企業の経理部門を目指そうとされる方への実務の羅針盤のような存在にしていただけますと著者としてはこの上ない喜びです。

　なお，最後になりましたが，税務経理協会第二編集部の日野西資延様には遅れるスケジュールを辛抱強く耐えていただき，この場をお借りして御礼申し上げます。

　　2013年1月

　　　　　　　　　　　　　　　　　　　　　　　　　　　青山　隆治

目 次

第1章　外資系企業を取り巻く環境と経理業務
1　日本における外資系企業数の推移 …………………………… 1
2　日本の対内直接投資残高の推移 ……………………………… 3
3　外資系企業の経理部門の組織とその役割 …………………… 6
4　外資系企業の経理部門の今後の方向性 ……………………… 15

第2章　外資系企業の会計帳簿管理
1　ERP 会計モジュール …………………………………………… 23
2　会計帳簿の管理方法 …………………………………………… 27

第3章　外資系企業の会計報告
1　財務経理の組織体制 …………………………………………… 41
2　親会社向けレポーティング …………………………………… 42
3　会社法に基づくレポーティング ……………………………… 47
4　税 務 報 告 ……………………………………………………… 49
5　おわりに ………………………………………………………… 51

第4章　外資系企業の内部統制
1　サーベンス・オクスレー法（SOX法）……………………… 53
2　COSO フレームワーク ………………………………………… 54
3　内部統制の構成要素 …………………………………………… 56
4　内部統制評価の手続き ………………………………………… 58
5　おわりに ………………………………………………………… 67

第5章 外資系企業の予算管理

1 親会社の業績報告と関連した予算管理 ………………………… 69
2 フォーキャストと月次決算 ……………………………………… 76
3 指標による管理 …………………………………………………… 77
4 販管費（販売費及び一般管理費）予算策定のポイント ……… 80
5 予算管理組織 ……………………………………………………… 83
6 おわりに …………………………………………………………… 84

第6章 外資系企業の税務

1 日本進出時の税務 ………………………………………………… 92
2 ビジネス展開時の税務 …………………………………………… 99
3 給与等支払時の税務 ……………………………………………… 118
4 親子間取引の税務（移転価格税制：国外関連者との取引に係る課税の特例）…… 122
5 投下資金回収時の税務 …………………………………………… 133

おわりに　英語力の伸ばし方 ………………………………………… 147
索　引 …………………………………………………………………… 153

第1章 外資系企業を取り巻く環境と経理業務

　本章では，日本における外資系企業の動向・環境を概観するとともに，外資系企業の経理業務がどのような状況にあり，今後どのような方向に向かおうとしているのかを最初にみていきましょう。
　外資系企業には明確な定義はなく，法律，資料などにより定義が異なります[1]が，外国投資家によって一定比率以上の出資を受けている企業もしくは，その外国投資家の日本支店を「外資系企業」と呼ぶことにします。

1　日本における外資系企業数の推移

　我が国にはどれくらいの数の外資系企業が活動しているでしょうか。経済産業省が毎年外資系企業の動向調査を行っていますが，2010年外資系企業動向調査[2]によれば，調査書を回収した企業数は3,312社と公表しています。また，東洋経済新報社は毎年『外資系企業総覧』を発行していますが，2011年版での掲載社数は3,098社としています。調査対象とならなかった日本支店や定義外の企業もありますから，潜在的にはこれ以上の数の外資系企業が日本にあるものと推測されます。
　次に，経済産業省の『外資系企業の動向調査』を使って，外資系企業数の推移をみますと**図表1-1**の通りとなります[3]。これをみますと，2000年度から2007年度まで順調に増加の一途をたどっています。これは，政府による対日投資倍増計画（2003年インベストジャパン計画）・対日直接投資加速プログラム（2006年），構造改革と三角合併の解禁を含む企業再編法制・税制等の対内投資環境整備等が進み，欧米系企業のM&Aを通じた投資が加速化したことがその要因として挙げられます。しかし，2007年のリーマン・ショック後以降，世界経済の減速に伴い，外資系企業数は落ち込んでいます。外資系企業数の減少

図表1-1　外資系企業数の推移

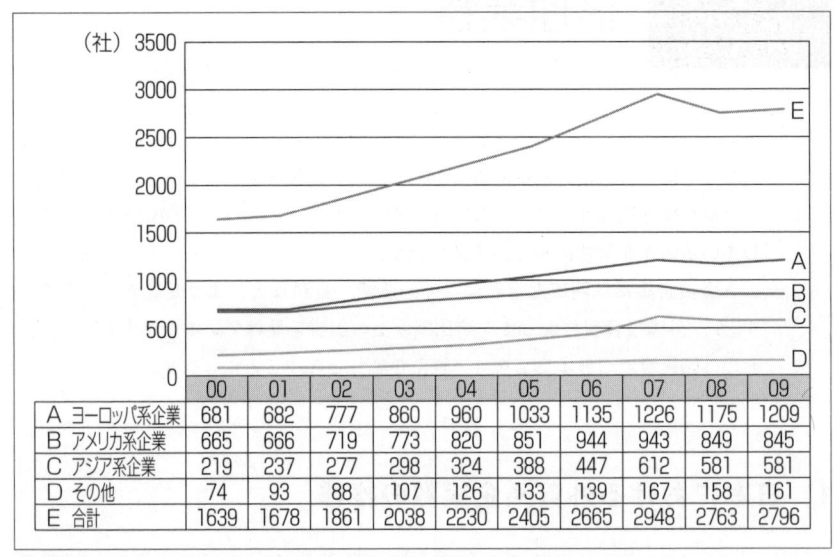

	00	01	02	03	04	05	06	07	08	09
A ヨーロッパ系企業	681	682	777	860	960	1033	1135	1226	1175	1209
B アメリカ系企業	665	666	719	773	820	851	944	943	849	845
C アジア系企業	219	237	277	298	324	388	447	612	581	581
D その他	74	93	88	107	126	133	139	167	158	161
E 合計	1639	1678	1861	2038	2230	2405	2665	2948	2763	2796

（出典）経済産業省『外資系企業の動向調査』（2000年度～2009年度）より加工。

図表1-2　各外資系企業の構成比率

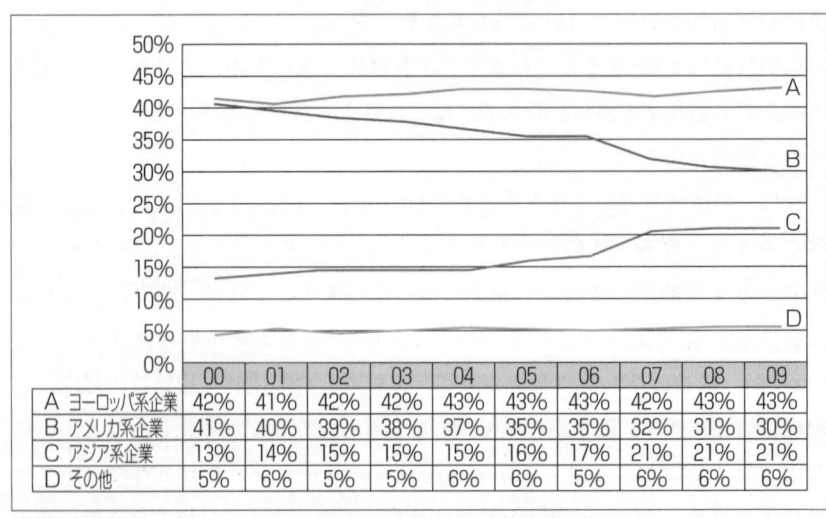

	00	01	02	03	04	05	06	07	08	09
A ヨーロッパ系企業	42%	41%	42%	42%	43%	43%	43%	42%	43%	43%
B アメリカ系企業	41%	40%	39%	38%	37%	35%	35%	32%	31%	30%
C アジア系企業	13%	14%	15%	15%	15%	16%	17%	21%	21%	21%
D その他	5%	6%	5%	5%	6%	6%	5%	6%	6%	6%

（出典）経済産業省『外資系企業の動向調査』（2000年度～2009年度）より加工。

は，撤退，投資引揚げ等を意味しますので，外資系企業で働くことは，このような撤退リスクをはらんでいることを念頭に置く必要があります。

一方，各外資系企業の構成比率の推移をみますと，ヨーロッパ系企業は40％代で安定しています[4]が，アメリカ系企業の比率は2000年度当初から低下し特に2007年度の落ち込みが大きい状況です。代わってシンガポール・中国をはじめとするアジア系企業の比率が徐々に高まっていることがうかがえます（**図表1-2**）。

2　日本の対内直接投資残高の推移

続いて，日本の対内直接投資残高（ストック）の推移をみますと，対内直接投資残高は2008年末をピークに減少し，2010年末で17.5兆円の残高となっています（**図表1-3**）。国際収支統計について定めたIMF国際収支マニュアルでは，**直接投資**とは親会社が投資先の企業の普通株または議決権の10％以上を所有する場合もしくはこれに相当する場合と定義しており，我が国の外為法等上の定義もこれに準拠した定義となっています。また，直接投資は，投資先国で新

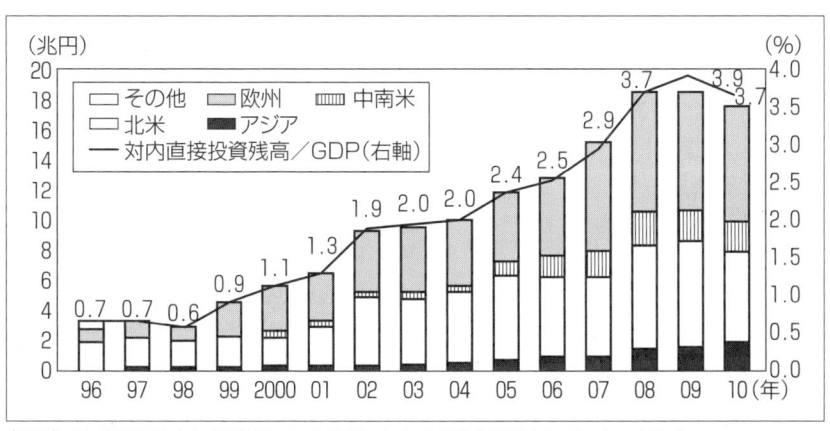

図表1-3　日本の対内直接投資残高の推移

〔資料〕「直接投資残高」（財務省，日本銀行）および内閣府統計からジェトロが作成。
〔出典〕ジェトロ世界貿易投資報告2011年版

図表1-4 アジア企業による2010年の特徴的な対日投資事例

国籍	企業名	業種	投資金額	投資形態	概　　要
中　国	遼寧高科能源集団（Aパワーエナジー）	風力発電装置製造	48億円	M&A	経営破たんしたLCD製造販売エバテック（京都）を買収。エバテックはR&Dセンターとして存続。
	山東如意科技集団	繊維製品	40億円	M&A	アパレル製品・繊維製品を製造販売するレナウンの41.25%持分を取得。
	中国国際信託投資公司（CITIC）	投資ファンド	41億円	M&A	ベルギーに設立したファンドなどを通じて，工業用フイルム加工業の東山フイルムを買収。
台　湾	友達光電（AUO）	液晶パネル製造	150億円	M&A	太陽電池用のシリコンウエハーを製造するエム・セテック（東京）を買収。
	モーテック	太陽電池製造	2.7億円	合弁会社設立	北海道のゼネコン伊藤組土建と合併会社伊藤組モーテックを設立。太陽光発電モジュールを製造する。
シンガポール	メープルツリー	不動産投資信託	10～48億円	M&A	政府系投資会社テマセク・ホールディングスの子会社。千葉県柏市の産業倉庫買収をはじめ，2010年は6施設を取得。
	パークウェイライフREIT	不動産投資信託	70億円	M&A	2008年以降，国内の老人ホーム施設を相次いで買収。2010年は11施設を買収。
マレーシア	YTLホテル・アンド・プロパティーズ	ホテル	60億円	M&A	マレーシアのコングロマリットYTLが北海道ニセコビレッジ（ヒルトンホテルなどの施設）を買収。
	エアアジア	航空サービス	—	路線就航	東南アジア最大の格安航空会社（LCC）エアアジアの長距離部門エアアジアXがクアラルンプール—羽田路線を開設。
韓　国	エアプサン	航空サービス	—	路線就航	プサン—関西空港，プサン—福岡空港路線を相次いで開設。福岡市長は「国境を越えた経済圏の構築」に期待感。
	NHN	ソフトウェアサービス	63億円	M&A	ライブドアの全株式を取得。NHNは韓国最大のポータルサイト「ネイバー」の運営会社。

〔資料〕ジェトロセンサー2011年5月号，各社プレスリリース，各種報道からジェトロ作成。
〔出典〕ジェトロ世界貿易投資報告2011年版

たに現地法人や工場・支店を新設する**グリーンフィールド投資**と，既存の投資先国企業の経営権取得を目的とする**M&A（買収・合併）**に大別されますが，後者は「時間を買う」とも言われ，M&A環境の整備された先進国への投資においては，M&Aが主流になってきています。

ここにおいても減少の主要な要因は投資額の大きい北米ですが，代わってアジアからの投資が徐々に増加していることがうかがえます。

図表1-4は，アジア系企業による特徴的な対日投資事例（ジェトロ調査）ですが，M&Aにより日系企業がある日突然，アジア系外資系企業になるというケースが徐々に増えています。アジア経済マーケットの拡大により，日本からアジアへの対外直接投資が増える一方で，逆にアジア系企業の対日投資への機会も徐々に増えてきています。

しかし，日本の対内直接投資のマーケットそのものは世界的にみてあまり大きいものではありません。**図表1-5**は日本の対内直接投資残高の対GDP比を国際比較したものです。日本は増加したとは言え，3％代で，先進国の平均で30％となっており，世界的にみても低い水準であることが図表からわかります。

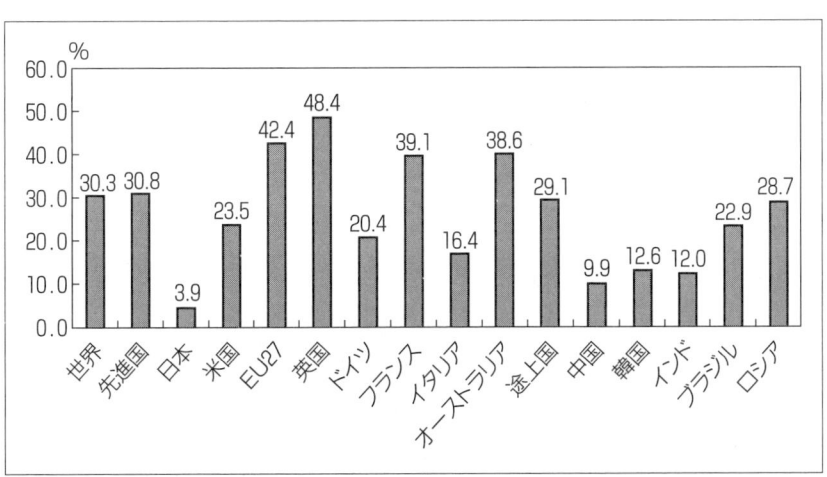

図表1-5　対内直接投資残高（ストック）対GDP比（2010年）

国・地域	％
世界	30.3
先進国	30.8
日本	3.9
米国	23.5
EU27	42.4
英国	48.4
ドイツ	20.4
フランス	39.1
イタリア	16.4
オーストラリア	38.6
途上国	29.1
中国	9.9
韓国	12.6
インド	12.0
ブラジル	22.9
ロシア	28.7

〔資料〕UNCTAD,"World Investment Report 2011,""World Investment Report 2009," FDI databaseからジェトロ作成。

これを大きく増やし，雇用の拡大を期待するには，外国からみて日本への直接投資の魅力を高めていくしかありません。

3 外資系企業の経理部門の組織とその役割

次にマクロからミクロへ視点を移し，本書のテーマである外資系企業の経理部門についてみていきます。

(1) 組織体制

図表1-6は外資系企業の組織図の一例です。報告先が地域別と機能別の**マトリックス型構造**になっています。また地域ではなく，事業別と機能別のマトリックスをとっているところもあります。

日本における経理・財務部門は日本の社長または支店長の管轄下にあるとともに，グローバルの本部の管轄下にもあります。また，アジア・パシフィックの**地域統括会社（部門）**が日本とは異なるエリア，例えばシンガポールにある場合[5]には，その地域統括会社の管理下にもあります。

図表1-6 外資系企業における組織例（マトリックス組織）

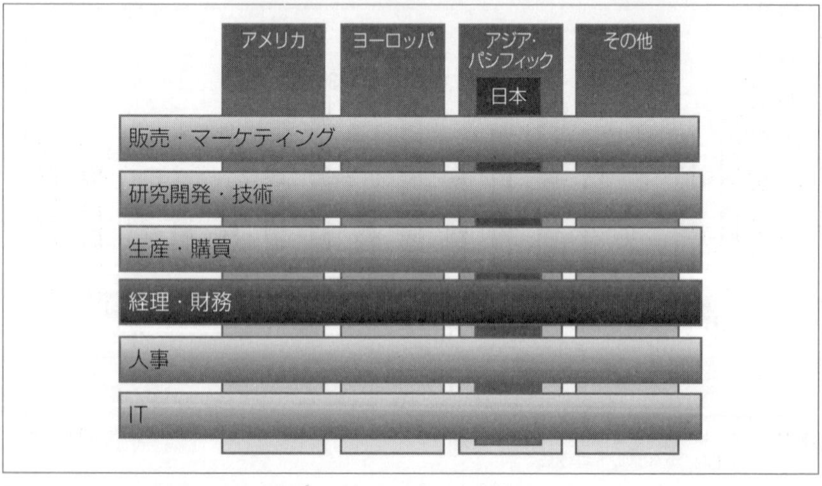

	アメリカ	ヨーロッパ	アジア・パシフィック（日本）	その他
販売・マーケティング				
研究開発・技術				
生産・購買				
経理・財務				
人事				
IT				

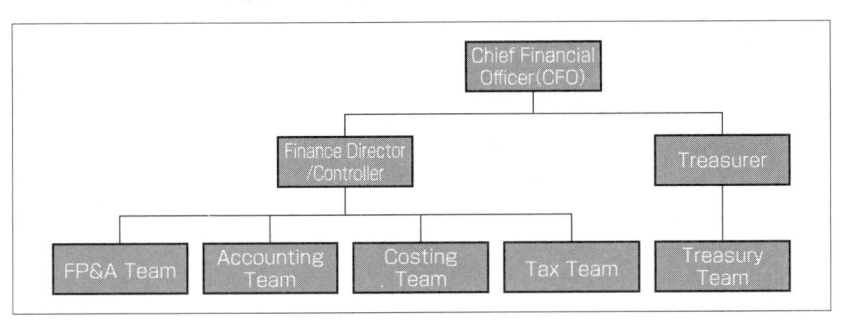

図表1-7　外資系企業の経理部門の組織例

```
                    Chief Financial
                    Officer(CFO)
                    ┌────────┴────────┐
            Finance Director        Treasurer
            /Controller
    ┌───────┬────┴────┬────────┐         │
  FP&A   Accounting  Costing   Tax     Treasury
  Team    Team       Team      Team     Team
```

　グローバルに資材を調達しながら，ローカルに市場アプローチを行うといった複雑なオペレーションを実行するようなグローバル企業では，このようなマトリックス型組織は複眼的に活動できるような構造を持っており有益ですが，一方で，構成員は通常2人以上の上司を持つこととなり，指揮命令系統が複数になるというデメリットもあります。

　また日本における外資系企業経理部門の組織をみると，概ね**図表1-7**のような組織となっています。ただし，各企業の戦略，組織の大小，方針等により経理部門の役割は変わってくるため，あくまでも一例としてお考え下さい。

● CFO（最高財務責任者）

　通常，経理・財務担当役員。CFOは企業価値を高める責任を有し，個別事業のビジネスモデルの把握，事業間の資金配分，事業ポートフォリオの構築，財務戦略構築，資金調達とそのコストの把握，キャッシュマネジメントと財務リスクマネジメント，投資家（株主・債権者）への発信，説明役等の役割を担う非常に重要なポジションです。日本が大きな役割を果たしている場合には日本にもCFOを置くことが多いようですが，地域統括会社にのみ置くケースまたは本国にしかCFOを置かないケース等さまざまあります。

● Finance Director（Controller）

　帳簿管理，財務報告，原価計算管理，税務，内部統制等主に内部に目を向け

た業務の統括を行うポジションです。このポジションはどちらかと言えば，未来志向というより過去志向の傾向がありますが，昨今はFinancial Planning & Analysisの機能を包括するケースも多いようです。

● FP&A（Financial Planning and Analysis）Team

近年転職マーケットでも需要が増えているポジションでありますが，Finance Director（Controller）の管理下で，予算策定，予算実績差異分析，フォーキャスト（財務予測）等の分析業務を行うチームです。昨今の経営環境の変化に伴う経営者の迅速な意思決定に向けて，ますますこの業務が重視されており，CFOの直属に置かれるケースもあります。

● Accounting Team

Finance Director（Controller）の管理下で，各種帳簿管理，売掛金管理，買掛金管理，固定資産管理，財務報告等を行うチームになります。いわゆる一般的な経理業務を行うチームになります。

● Costing Team

Finance Director（Controller）の管理下で，原価計算，原価管理，在庫管理等を行うチームになります。

● Tax Team

Finance Director（Controller）の管理下で，各種税務申告，タックスプランニング，税務報告，税務調査対応等を行うチームです。組織が小さい場合は外部の税理士法人等にアウトソースしているケースも多いですが，近年移転価格等の分野で税務訴訟になるようなケースも多く，重要性が増しています。

● Treasurer/Treasury Team

その企業の投資家や債権者等とコミュニケーションを行い，資金調達を行うとともに，企業の資産・負債の管理を行う役割を果たしています。いわゆる財務の機能を担うチームですが，Finance Director（Controller）と比べ，主に外部に目を向けた仕事を行い，利益よりもキャッシュフローを管理します。資金管理は，内部統制上，帳簿管理と分離することが求められていることから，通常，Finance Director（Controller）とは組織が切り離されています。

（2） 規程・指針の遵守

　外資系企業の場合まず留意すべき点は，本国からみた場合，日本拠点はあくまでもグローバルの中の一拠点にすぎず，本国の定めるルールに従わないといけないということです。

　とくに本国で上場しているようなケースですと，本国での上場基準をグローバルでコントロールする必要があるため，日本拠点もそれを守らなければなりません。そのために，本国から示達されている膨大なボリュームの指針・ガイドライン（通常は本国のガバナンスを担当する部門により作成）を確認のうえ，そこに示されていないケースが出てきた場合は，本国の担当部門と協議した上で決定する必要があります（その手順についても詳細な定めがあります）。つまり外資系企業においては，判断と執行とが明瞭に分かれているのが通常であり，勝手に日本側で判断してしまうと後々本国との間でトラブルになることもありますので注意が必要です。

　もっとも日系企業の場合も，同様に，各種規程を定めてそれを傘下子会社等に遵守するようコントロールしていますが，外資系企業のような数百頁にも及ぶ細則ベース（ルール・ベース）のものではないので，実際にはどうしても子会社側で判断せざるを得ない局面があるのではないでしょうか。

　さて，指針・ガイドラインについては，会社によって程度の差はありますが，経理関係で具体的には次のようなものがあります。

● Accounting Policy
　いわゆる経理規程に該当。さまざまな取引の会計処理について，本国の会計基準（USGAAP・IFRS等）に準拠した細かなガイドラインを定めています。

● Expense Control Policy
　いわゆる経費管理規程に該当。さまざまな経費についての承認内容，承認手順，承認限度額，承認権限者，ベストプラクティス等を定めています。

● Cash Investment Policy
　資金管理・運用規程になります。資金運用方針，責任者，権限，運用対象財

産，管理方法，承認手続き等が明確化されています。

● Compliance Policy

インサイダー取引，マネーロンダリング防止法，反トラスト法等グローバルで順守義務のあるコンプライアンスについてのガイドラインを定めています。国により法律等はさまざまですので，本国の法務部門・コンプライアンス部門によって定められています。

(3) 外資系企業の経理業務

以上，外資系企業の経理部門の組織を見てきましたが，本書では，とりわけ，Finance Director (Controller) 管轄の業務，すなわち経理業務についてもう少し業務を掘り下げてみていきます。

図表1-8は，一般的な外資系企業の経理業務のイメージ図になります。

日本における経理業務は大きく，経理コア業務，グローバル要件対応業務，ローカル要件対応業務と3つに大別されます。

① 経理コア業務

経費管理，売掛債権管理，買掛債務管理，在庫管理・原価管理，固定資産管理，仕訳・帳簿管理，予算管理，出納管理等いわゆる一般的な経理業務になります。後述する②グローバル要件対応業務や③ローカル要件対応業務の双方に影響を与える基盤業務ともいえます。

② グローバル要件対応業務

外資系企業特有の業務であり，かつ優先度が高い業務になります。本国の会計基準（USGAAP，IFRS等）に準拠した会計報告，本国の開示のサポート業務，本国行政監督庁報告のサポート業務，経営者向け報告業務，国際税務対応等があります。

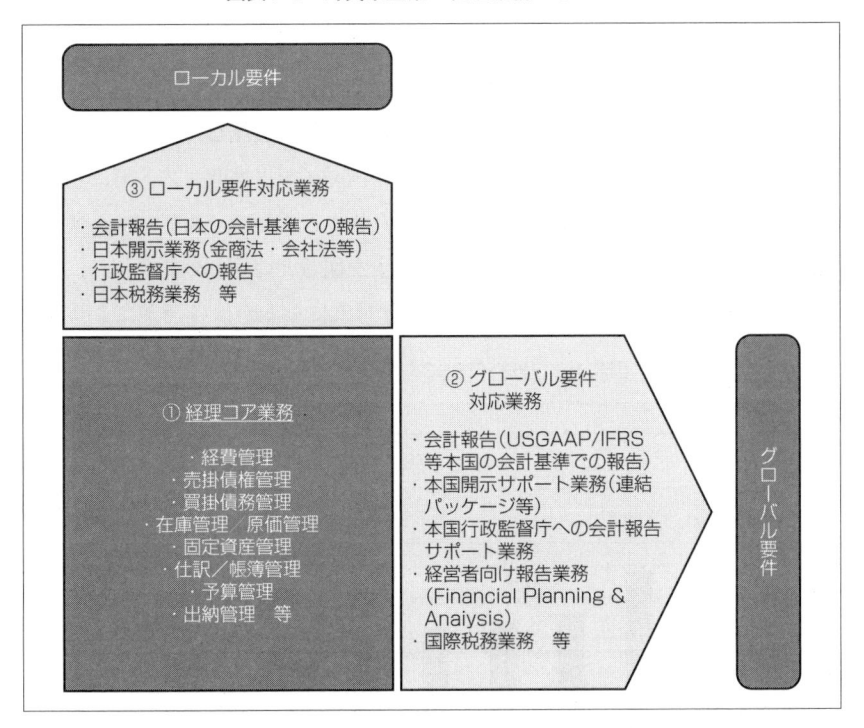

第1章 外資系企業を取り巻く環境と経理業務

図表1-8 外資系企業の経理業務のイメージ

```
                    ローカル要件
                        ↑
            ③ ローカル要件対応業務
            ・会計報告（日本の会計基準での報告）
            ・日本開示業務（金商法・会社法等）
            ・行政監督庁への報告
            ・日本税務業務　等

                            ② グローバル要件
                                対応業務
    ① 経理コア業務           ・会計報告（USGAAP/IFRS
                                等本国の会計基準での報告）
    ・経費管理                ・本国開示サポート業務（連結   グ
    ・売掛債権管理              パッケージ等）              ロ
    ・買掛債務管理            ・本国行政監督庁への会計報告   ー
    ・在庫管理／原価管理        サポート業務                バ
    ・固定資産管理            ・経営者向け報告業務          ル
    ・仕訳／帳簿管理          （Financial Planning &       要
    ・予算管理                 Analysis）                  件
    ・出納管理　等            ・国際税務業務　等
```

③ ローカル要件対応業務

　日系企業と同様，日本の法令等で求められる業務になります。日本の会計基準に基づく会計報告や開示業務，行政監督庁への報告業務，日本税務業務，配当金支払業務などがあります。

（4） 昨今の課題

　必ずしも外資系企業特有の課題ではありませんが，①の経理コア業務をいかに低コストかつ，高品質で行うべきかが2000年代に入り特に大きな課題となっており，そのための解決策として次の対応を行っている企業がみられます。

　昨今では，経理コア業務になるべく日本においてヒト，カネをかけず，ローカル要件業務もなるべく最低限度に抑え，グローバル対応要件業務を重視して

11

いくことが外資系企業経理部門のトレンドになってきています。

① SSC（シェアードサービスセンター）の活用

　経理業務プロセスの見直しを行い，業務の標準化を実施し，標準化されたオペレーションを高コストの日本ではなく，中国やインド等低コスト国に設置したSSC（シェアードサービスセンター）に集約させることで，スケールメリットを活用し，コスト削減，サービス品質の向上を図るというものです。

　経理業務のうちどの業務がSSCへの移行対象になるかは各企業により異な

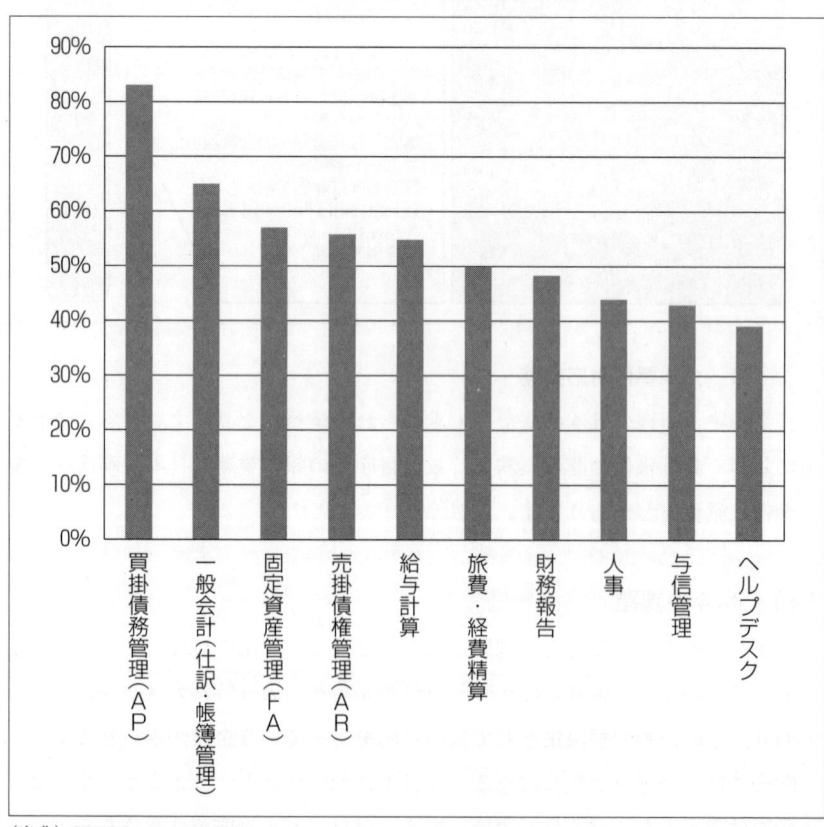

図表1-9　当初のSSC対象業務のトップ10

業務	割合
買掛債務管理（AP）	83%
一般会計（仕訳・帳簿管理）	65%
固定資産管理（FA）	57%
売掛債権管理（AR）	55.5%
給与計算	54.5%
旅費・経費精算	50%
財務報告	48%
人事	44%
与信管理	43%
ヘルプデスク	39%

（出典）SBPOA survey, 2004

りますが，2004年にSBPOA[6]が実施した調査（**図表1-9**）によれば，前述した経理コア業務の多くがシェアードサービスセンターへの移行対象として検討対象にあがっていることがうかがえます。これらの業務の多くは，地域性・専門性が高くなく，反復的なオペレーションとなることから，スケールメリットが働くためだと考えられます。

② ERPの活用

上記のシェアードサービスを実施するにあたって，会計システム等ITインフラもグローバルレベルで共有化を図らざるを得ません。とりわけ外資系企業の経理業務の場合，会計システムを自前で作るというよりは，本国で使用しているOracleやSAPなどに代表される**ERP**（Enterprise Resource Planning）パッケージの活用が行われています。

ERPとは，もともとは，企業が保有する経営資源を有効活用して経営改革を実現しようとする手法・概念を指していましたが，IT技術の進化の中で，1990年代よりその手法を支えるツールとしてのソフトウェアが生まれてきました。ERPパッケージ登場前の業務ソフトウェアは，販売管理，生産管理，帳簿管理等個々の業務ソフトウェアで完結しており，他の業務ソフトウェアとリアルタイムで連携されることはありませんでした。ところが，ERPパッケージの登場で，各業務の情報が統合データベースに一元管理されることで，リアルタイムに情報更新が可能となりました。言わば，業務ソフトウェアが部分最適であったところが，全体最適となったというわけです。

下記は，グローバルで使用されているERPの代表格である，オラクルERP（Oracle EBS：Oracle E-Business Suite）の主な特徴になります[7]（**図表1-10**）。

● **シングル・データモデル**（基幹業務情報の一元管理）

あらゆる業種・業態，事業構造，企業規模に対応できる完成度の高い単一のエンタープライズ・データモデルが標準実装されており，情報管理が一元化できる特徴があります。

●先進業務モジュール（単一モジュールからフルスイートまで段階導入）

　会計，人事，販売，調達，生産，物流，顧客関係管理（CRM）の中核業務からGRC（ガバナンス・リスクマネジメント・コンプライアンス），タレントマネジメント，サプライチェーン計画などの戦略業務，さらに業務を横断した統合プロセスまで広範な業務領域をカバーしています。

●グローバル対応（複数の国，地域，組織でのビジネス展開）

　グローバルな企業活動を前提に設計されており，複数の国，地域，企業（組織）に展開された企業活動を統合，最適化します。複数の言語や通貨，会計基準，拠点を単一システムでサポートするだけでなく，各国特有の税制や商習慣にも標準で対応します。

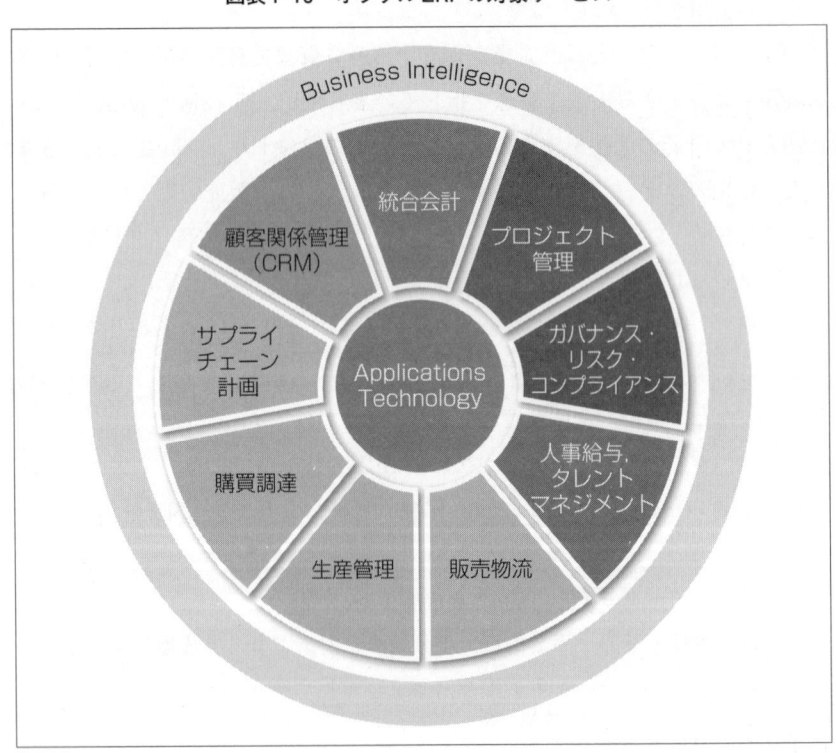

図表1-10　オラクルERPの対象サービス

●ERP，ミドルウェア，データベース，ハードウェアの最適化（堅牢さとハイパフォーマンス）

　アプリケーションを支えるミドルウェア，データベースにオラクル製品を採用しており，アプリケーションのレイヤーだけでなく，ソフトウェア全体で最高のパフォーマンスが得られるように最適化されています。よって高い拡張性を備えるとともに，「止まらない」「高パフォーマンス」「低コスト」そして「セキュア（堅牢）な」システム環境を実現します。加えてオラクル社のハードウェア（旧サンマイクロシステムズ）とも統合，最適化され，ITのシンプル化と圧倒的なパフォーマンスをもたらします。

4．外資系企業の経理部門の今後の方向性

　以上外資系企業の経理部門の組織・業務内容・課題を概観してきましたが，今後経理部門はどこに向かって進んでいくのか，外資系企業の実例をみて方向性を予想していきましょう。

（1） Oracle Corporation（以下「オラクル社」と呼ぶ）のケース[8]

　オラクル社は，世界でもっとも完全かつオープンなビジネス・ソフトウェアおよびハードウェアの統合型システムを，世界の145カ国以上で，38万社の顧客に提供しているITグローバル企業です。2012年度末の売上高は371億ドル，当期純利益（Net income）は100億ドルとなっています。日本には東証1部に上場している日本オラクル（株）があります。オラクル社はここ8年間にM&Aを中心に急速なグローバル展開を行い，急成長をしてきましたが，その成長の鍵はグループにおける経営管理の充実と高度化にありました。

　同社は1998年当時，国ごとの複雑なインフラを抱え，多数のインスタンスと一貫性のないプロセスによってローカルごとの管理業務と意思決定が行われていましたが，トップダウンによる改革により，グローバルな経営管理強化を行うための情報の一元化，そのためのグローバルなプロセスの標準化，シェ

図表1-11　オラクル社の変革

1998当時
- 国ごとの個々の企業
- 地域ごとの機能
- 国ごとの複雑なインフラ
- 多数のインスタンス
- 一貫性のないプロセス
- ローカルごとの管理業務
- ローカルごとの意思決定
- 分断されたデータ

2003以降
- マルチ・ナショナルな企業体
- グローバルな機能
- シンプルなグローバル・インフラ
- グローバル・シングル・インスタンス
- グローバル・プロセス
- シェアード・サービス・センター
- セントライズされた意思決定
- グローバル・インフォメーション・システム

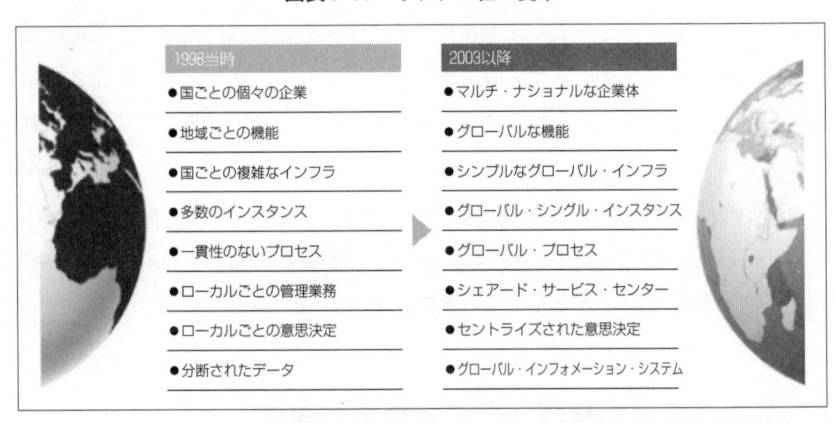

図表1-12　業務プロセスの標準化，ITインフラの統合によるグループ・シェアード型経営管理基盤

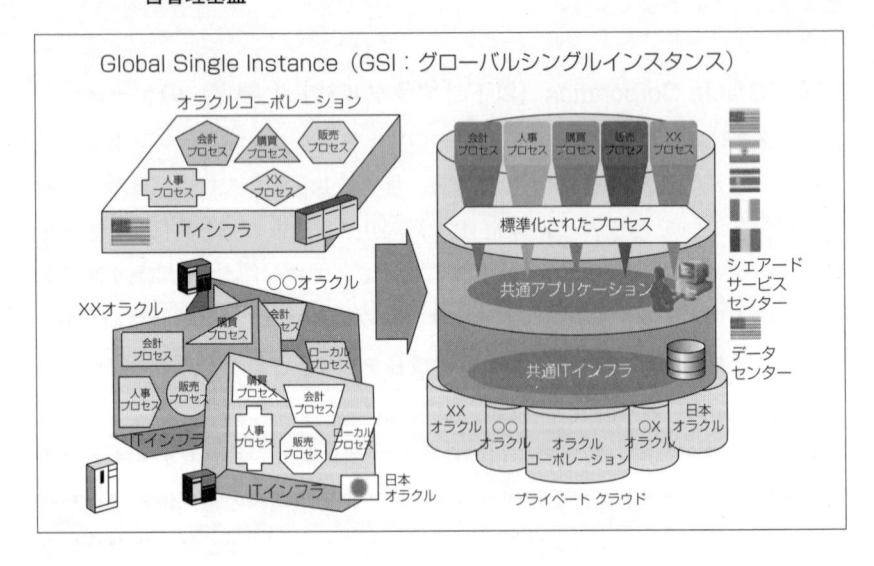

アードサービス化を推進しました (**図表1-11**)。

その結果，2003年にはコントロールプレイス[9]，業務プロセス，インスタンス，データセンター，資金・財務管理統括会社の5つがグローバルに統合され，Global Single Instance (GSI) と呼ばれるIT基盤 (ビジネスプラットフォーム) が完成し，現在では，全世界145カ国以上の子会社・関連会社がこのインフラで業務を行っています (**図表1-12**)。

● **シェアードサービスセンター (SSC)**

オラクル社のSSCはインドがメインですが，地域的な商慣習やローカル言語での対応を要する顧客対応など，アメリカ，コスタリカ，アイルランド，ルーマニアにもSSCが設置され標準化されない部分について，英語とローカルランゲージを話せるオペレーターと標準外の処理を行う社員を配置して対応しています。

● **業務プロセスの統合**

グローバルなプロセスの標準化については，業務プロセスごとにグローバル・プロセスオーナーが明確化され，地域プロセスオーナーと協働で標準化と業務改革を継続しています。

以上のように，統合されたビジネスプラットフォームによってオラクル社は下記のベネフィットを得たと公表しています。

---

① コスト削減効果

全社で年間約10億ドルのコスト削減効果

② 決算の早期化

従来社内で集計作業に約13日かかっていたものが，自動化により約4日に短縮

③ グローバル・キャッシュ・マネジメント

取引金融機関を約180社から約40社に集約。これに伴う運用益の増加，

手数料の削減効果。

④　SOX法対応

　オラクルコーポレーションではSOX法，日本オラクルでは日本版SOX法対応の基盤となった。

⑤　グローバルレポート

　リアルタイム経営指標の有用性。週次オペレーションの実現。共通の基盤＝共通の言葉。

⑥　成長戦略の基盤

　2005年から8年間で約80社のM&Aを実施。100日以内に，顧客・パートナー・社員・製品・会社・オペレーションを統合。

　また，日本オラクル(株)の経理業務もこの改革により大きな恩恵を受けています。経理業務のうち，受注管理・売掛管理・入金管理等の業務，固定資産管理，プロジェクト会計，購買・買掛支払・経費精算等の業務がインドにあるSSC（GFIC:Global Financial Information Center）に移管されました。これによって，

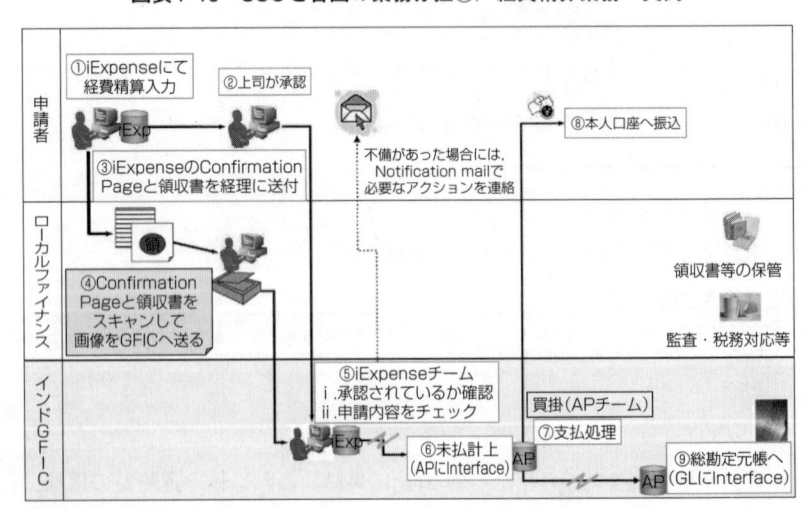

図表1-13　SSCと各国の業務分担①／経費精算業務　実例

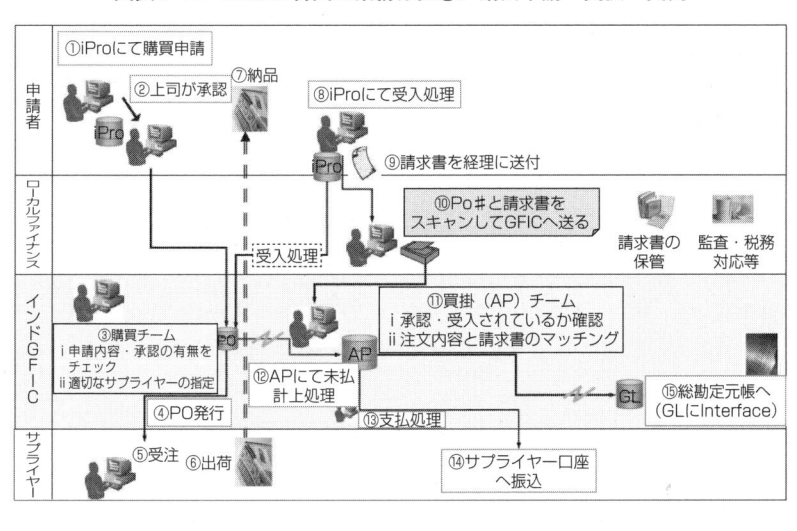

第1章　外資系企業を取り巻く環境と経理業務

図表1-14　SSCと各国の業務分担②／購買申請～支払　実例

日本における経理業務がどのように変わったのかを一例を示すと**図表1-13・1-14**のとおりです。

またGSI構築に伴い，FP＆A業務も**図表1-15**のように属人的で手作業の多

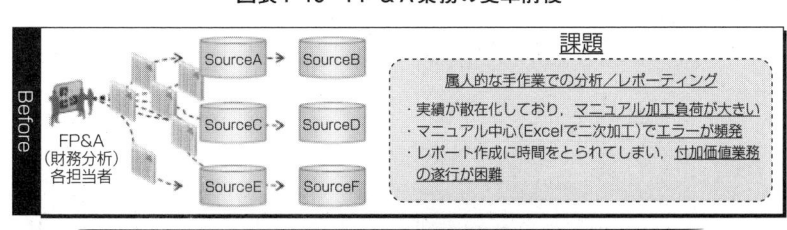

図表1-15　FP＆A業務の変革前後

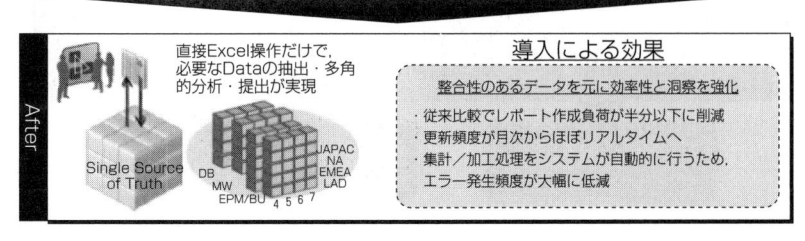

19

い作業であったものが，正確かつリアルタイムなデータの入手により付加価値が高い業務に変えられました。

（2） 今後の方向性

以上オラクル社のケースをみてきましたが，グローバルなレベルで資源を調達し，生産，販売が行われる経済のグローバル化が加速する以上，多くの企業がグローバルレベルで一体的経営を行い，迅速に意思決定を行わざるを得ない環境となってきています。そうなると，経理業務もグローバルでのオペレーションの流れに収れんされていくこととなり，日本に残るのは，グローバル要

図表1-16　今後の外資系企業経理業務の方向性

```
                    ローカル要件
                         │
         ┌───────────────────────────────┐
         │ ③ローカル要件対応業務           │
         │ ・会計報告（日本の会計基準での報告）│
         │ ・日本開示業務（金商法・会社法等）  │
         │ ・行政監督庁への報告             │
         │ ・日本税務業務　等              │
         └───────────────────────────────┘

  ┌─────────────────┐ ┌──────────────────────┐
  │ ①経理コア業務    │ │ ②グローバル要件対応業務  │  ┐
  │                 │ │ ・会計報告（USGAAP/    │  │
  │ ・経理管理       │ │   IFRS等本国の会計基準  │  グ
  │ ・売掛債権管理   │ │   での報告）           │  ロ
  │ ・買掛債務管理   │ │ ・本国開示サポート業務  │  ー
  │ ・在庫管理／原価管理│ │   （連結パッケージ等）  │  バ
  │ ・固定資産管理   │ │ ・本国行政監督庁への会計報告│ ル
  │ ・仕訳／帳簿管理  │ │   サポート業務         │  要
  │ ・予算管理       │ │ ・経営者向け報告業務    │  件
  │ ・出納管理　等   │ │   (Finacial Planning & │  │
  │                 │ │   Analysis)           │  │
  │                 │ │ ・国際税務業務　等     │  ┘
  └────────┬────────┘ └───────────┬──────────┘
           ▼                         ▼
      ┌─────────┐              ┌─────────┐
      │国外SSCへ │              │ 分析重視 │
      └─────────┘              └─────────┘
```

件対応業務のうち自動化の難しい分析業務や，ローカル特有の業務のみとなることが予想されます。オラクル社のケースはその先端例であり，今後の経理業務の方向性として参考になるのではないかと考えられます（図表1-16）。

　従来，経理部門はデータを算出する工程に多くの時間・労力を割いてきましたが，ITの活用を通じてデータを出す工程を効率化・合理化し，むしろ算出されたデータを分析して自社の経営分析に資することが今後はさらに必要となってきています。

column　経理部長・経理課長のピンチヒッター

　筆者は現在，外資系会計コンサルティング・ファームのコンサルタントとして働いていますが，外資系企業からの依頼で，経理部長や経理課長としてクライアント先に常駐することがたまにあります。外資系企業の場合，突然の部門の閉鎖や退職等で管理職クラスが突然いなくなるということが結構あるためです。このような場合，新規採用には時間がかかることや業務の性格上外部の会計事務所にも依頼するわけにもいかないことから，当面，当社のような会社に，コントローラーやファイナンス・マネジャー等の代行の依頼が来て，業種等を勘案しながら，適性のある人材が選抜され，お手伝いをさせていただくこととなります。

　もちろん依頼される会社によって果たす役割は変わってきますが，実際に入ってみると，日常の経理・財務業務，本国にある親会社との調整はもちろんのこと，財務戦略の構築やプライシングといった戦略的な業務から，業務の改善，スタッフの人事考課や目標設定，カウンセリングやトレーニング，正社員のコントローラーやマネージャーの採用に関与するなど，まさに八面六臂の活躍が期待されることがあります。

　いわば，経理・財務管理職の「ピンチヒッター」的な役割ですが，中には長期に及ぶようなケースもあります。

　このような経理・財務部長（課長）代行業は，仕事もハードで大変ではありますが，最後にはクライアントから非常に感謝されることも多く，仕事の醍醐味になったりもしています。

確かに会社の規模，業種やビジネスによっては，経理コア業務を全てアウトソースできないところもあろうかと思いますが，この方向性は，何もスピードの速いIT業界に特有のものではなく，ビジネスサイクルが短縮化していくグローバル競争下においては他業界も他人事ではないように考えられます。今まで以上に経理部門は自社の経営判断に必要な経営サポート機能を高めていくことが求められてきています。

(注)
1） 「輸入の促進及び対内投資事業の円滑化に関する臨時措置法（輸入・対内投資法）」では，対内投資事業者を，1外国企業による出資比率等が「3分の1を超えるもの」と基本的に定義しており，経済産業省の外資系企業動向調査では「外国投資家が株式又は持分の3分の1超を所有している企業」を調査対象としている。また，東洋経済新報社『外資系企業総覧』では，資本金5,000万円以上かつ外資比率49％以上の外資系企業と外資比率20％以上の企業のデータを収録している。
2） 2010年3月末現在の調査。2011年9月30日公表。
3） 対象企業数には金融・保険，不動産業が含まれていない。また支店・事業所も含まれていない。回収企業数のうち有効回答のあった企業数のみが対象となっている。
4） このデータは2009年度までのものであり，近年のギリシャ，南欧諸国を中心とするヨーロッパのソブリン危機後の状況が反映されていないため，現在はヨーロッパ系企業の比率も落ち込んでいる可能性がある。
5） 経済産業省の2010年外資系企業動向調査結果によれば，アジア・オセアニア地域における地域統括拠点数（全産業）のトップはシンガポール（23.7％），次いで中国（23.2％），香港（19.4％）という順で，日本は5.8％を占めるにすぎない。
6） SBPOA：The Shared Services and Business Process Outsourcing Association
7） 日本オラクル社のOracle E-Business Suiteカタログによる。
8） 第11回CFOフォーラム・ジャパン2011，日本オラクル株式会社取締役執行役副社長の野坂茂氏の当日配布資料（2011/12/6）及び講演録（CFO　Forum Special Issue No.4）による。
9） シェアードサービス導入で業務をまとめることによるコントロール（業務統制）の強化を指している。

第2章 外資系企業の会計帳簿管理

　本章では，日本における外資系企業の会計帳簿の管理方法について具体的にみていきます。第1章でみてきたとおり，外資系企業では，本国での会計基準（USGAAP・IFRS等）に基づく会計報告（グローバル要件対応業務）および，日本の会計基準に基づく会計報告（ローカル要件対応業務）の2つの会計報告業務があります。したがって，各報告のためにどのように会計帳簿を管理していくのかが実務上のポイントとなります。

1　ERP会計モジュール

　外資系企業経理部では，会計帳簿を支えるソフトウェアとして，親会社または本店が利用するERP会計モジュール[1]を利用していることが多いかと思います。

(1) 機能概要

　ERP会計モジュールでは，どのようなことができるのでしょうか。

　下記は，オラクルのERPパッケージ（Oracle E-Business Suite：オラクルEBS）の中の会計モジュール（Oracle Financials）の機能になります（**図表2-1**）。

　① 一般会計（Oracle General Ledger）

　　仕訳入力から転記，決算，財務レポートの作成に至る一連の会計処理を効率的に行います。オンラインで各種残高を調査，分析することで，業績に対する可視性が向上します。詳細残高，仕訳，元になる補助元帳取引などのあらゆるレベルへドリル・ダウン[2]できます。下記②～⑨の各モジュールで生成された仕訳を取り込む他，定型仕訳[3]や配賦仕訳[4]の仕訳処理を自動化できます。さらに外部システムからデータを変換してロードしたり，スプレッ

図表2-1 オラクルEBSの会計モジュール機能

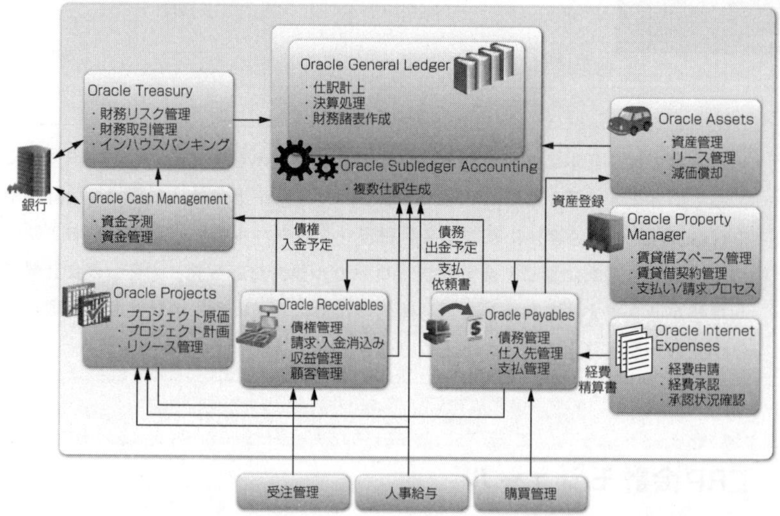

(出典) 日本オラクル社提供資料

シート経由で大量の仕訳をアップロードすることが可能です。複数の会計基準に対応するための複数帳簿，それをグループ化して管理する帳簿セット，1つの取引から複数会計基準での仕訳を生成する複数仕訳生成機能も実装しています。

また，実績だけでなく，予算も保持し勘定科目レベルでの予算統制を行えるほか，配賦に必要な人数や面積といった統計データの保持機能なども有しています。

② **買掛管理（Oracle Payable）**

購買から買掛管理，支払いに至る一連のプロセスを効率的に管理します。企業間電子商取引などにも対応し，請求，支払処理を自動化します。債務管理を最適化し，ミスを最小限に抑え，効率化を図ります。また，外貨建取引，グローバルな税制（消費税，源泉税等），先日付支払などにも対応しています。

③ 売掛管理（Oracle Receivable）

受注から請求，債権計上，入金，債権消込までの一連のプロセスを効率的に管理します。債権管理を最適化し，貸倒れリスクの早期把握，顧客関係の最適化を実現します。

④ 資金管理（Oracle Cash Management）

現金と銀行勘定，資金の入出金を統合的に管理するためのモジュール。複数期間，複数通貨の資金のインフローとアウトフローを集約し，キャッシュフローを予測します。効率的な資金の運用・調達をサポートし，中長期の資金繰りの最適化を実現します。

⑤ 財務管理（Oracle Treasury）

資金運用・借入，外国為替，金利，デリバティブなど財務・金融取引の実行や会計処理の自動化を行うとともに各種ポジションやリスクを管理します。グループ内金融，ネッティング[5]，プーリング[6]等のグローバル・キャッシュ・マネジメントにより運転資金の最適化による資金効率の改善，財務リスク管理レベルの向上，管理業務の効率化を実現します。

⑥ 不動産管理（Oracle Property Manager）

企業の不動産賃貸契約管理，賃貸借スペース管理，賃料・敷金・保証金・保険料等の管理と分析，支払い，請求等の不動産管理業務を効率的に管理します。

⑦ 固定資産管理（Oracle Assets）

固定資産の取得から除却までの管理を効率的に行います。資産台帳の作成，減価償却費計算，シミュレーション，資産の移動等を行います。1つの資産は，償却ルールの異なる複数の資産台帳に登録が可能です。またリース資産の管理にも対応しています。

⑧ インターネット経費精算（Oracle Internet Expenses）

交通費や諸経費など従業員の経費精算処理に関する業務を効率的に行います。従業員はWebブラウザからどこからでも経費精算ができ，ワークフロー[7]で上長が承認の後支払プロセスに回されます。承認状況もタイムリー

に確認できます。

⑨　プロジェクト管理（Oracle Project）

　企業内のプロジェクト管理情報を一元的に管理するモジュールです。プロジェクト契約，リソース，進捗状況，プロジェクト収支・原価の管理を効率的に行います。

　帳簿体系としては，①の「一般会計」が**主要簿**，②から⑨までが**補助簿**であり，各補助簿がリアルタイムで主要簿と連携されているため，経理業務の効率性と正確性は高まるというメリットがあります。

　また各帳簿で使用されるマスターが一元管理され，部門間で共有されている（統合データベース）ことから，別々の部門で似たようなマスターを管理するという非効率なこともありません。

（2）　ベストプラクティス

　ERPの会計モジュールの標準プロセスには**ベストプラクティス**が詰まっているため，これを有効に利用してこそ，その価値が生まれるものです。ベストプラクティスとは，先進企業の成功事例，あるいは世界で最も優れていると考えられる業務プロセス，業務推進の方法，ビジネスノウハウ等を指します。

　ERPパッケージの導入にあたって課題となるのは，これまでの実務慣行とERPの標準機能との差異をどのように解消するかという点にあります。標準機能にあわせることでうまく日本でビジネスが回るのか，カスタマイズで対応するのか，等コスト・ベネフィットをきちんと分析・検討して結論を出していくことが重要となります。

　まずは，自社の業務の流れと標準機能との比較を行い，標準には装備されていない特有の業務について，それがなければどのような影響が出るのかを突き詰めて検討することが大切です。過去には意味があったが，現在はその意味が薄れているにもかかわらず慣行化して現在もやり続けているような業務は意外に多いものです。ERPパッケージの導入を機にそうした業務の見直しも行う

ことで業務のスリム化も図れることでしょう。

2　会計帳簿の管理方法

では，具体的に外資系企業の会計帳簿管理方法について述べていきます。会計帳簿管理にあたっては，**会計基準**，**通貨**，**決算期**，**勘定科目**の4要素がポイントとなります。

(1) 会計基準

日系企業の場合は，IFRSの任意適用会社を除き，日本の会計基準に基づく帳簿（以下「日本基準帳簿」という）の管理のみ考えればよいですが，外資系企業の場合は，日本基準帳簿と，親会社または本店の会計基準に基づく帳簿（以下「本国基準帳簿」という）の管理を行う必要があります。

その管理方法として，具体的には次の3通りの方法があります（**図表2-2**）。どの管理方法を採用するかは各会社の方針によって異なります。

①　**単一帳簿管理（本国基準帳簿メイン）のケース**

個々の取引仕訳はまず本国基準で会計処理を行い，本国基準帳簿（補助簿・主要簿双方）に転記します。その後，この本国基準帳簿をベースに，本国の会計基準と日本の会計基準と相違する取引について，組替仕訳（差分仕訳）を作成して，結果的に日本基準帳簿に転記することで誘導的に日本基準帳簿を作成するという形態です。このケースは，グローバル要件対応業務が最優先とされている外資系企業によく見られるケースで，この場合，「英文会計」と言われるスキルすなわち本国会計基準に基づく複式簿記の技術が必要となります。しかし，日本基準での複式簿記の技術がしっかり身についていれば，基本的には日本基準と本国基準の差異をしっかりと認識し，英語の会計用語に慣れていくだけですので，それほど恐れるに足りません。

本国基準帳簿はタイムリーに更新されていきますが，日本基準帳簿は日次，週次，月次等さまざまなケースがあります。

図表2-2　外資系企業の会計帳簿の管理方法

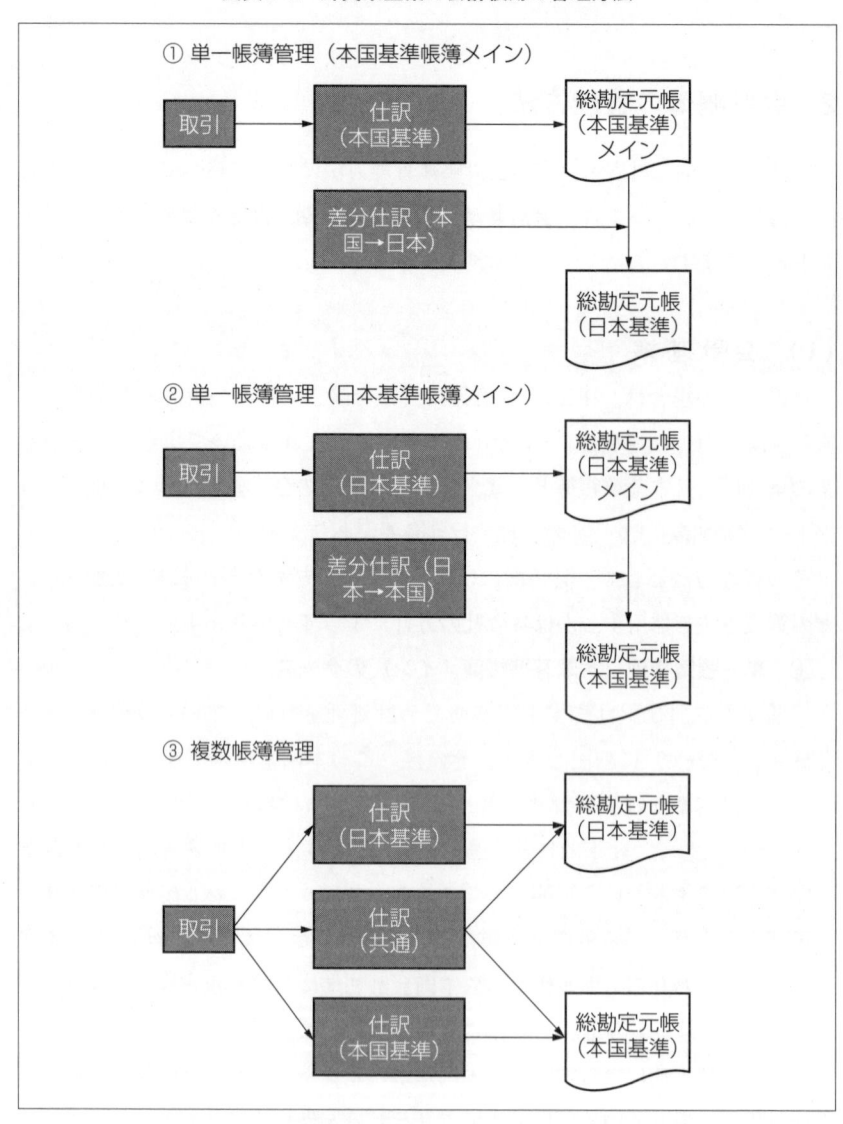

① 単一帳簿管理（本国基準帳簿メイン）

取引 → 仕訳（本国基準） → 総勘定元帳（本国基準）メイン

差分仕訳（本国→日本） → 総勘定元帳（日本基準）

② 単一帳簿管理（日本基準帳簿メイン）

取引 → 仕訳（日本基準） → 総勘定元帳（日本基準）メイン

差分仕訳（日本→本国） → 総勘定元帳（本国基準）

③ 複数帳簿管理

取引 → 仕訳（日本基準） → 総勘定元帳（日本基準）
取引 → 仕訳（共通） → 総勘定元帳（日本基準）／総勘定元帳（本国基準）
取引 → 仕訳（本国基準） → 総勘定元帳（本国基準）

② 単一帳簿管理（日本基準帳簿メイン）のケース

前述のケースとは逆に，個々の取引仕訳は日本基準で会計処理を行い，日本基準帳簿に転記し，その後日本基準帳簿をベースに，組替仕訳を本国基準帳簿に反映させるケースになります。このケースは，日本のマーケットが大きい等により，ある程度日本で運営管理が任されている外資系企業や金融業界等日本での規制が厳しい外資系企業でみられるケースです。

この場合は，①のケースとは逆に，日本基準で日々の取引を記帳していくこととなり，月次，四半期等一定のタイミングで，本国基準での差分の仕訳を生成して帳簿外で本国基準の財務諸表を作成します。

図表2-3は，差分仕訳のためのワークシートの例になります。差分仕訳のボリュームが多くなければ，このようなスプレッドシートで日本基準の財務諸表を本国基準の財務諸表に変換することでも対応が可能です。

③ 複数帳簿（本国基準・日本基準）管理のケース

このケースは文字通り複数の帳簿を同時に管理するケースです。すなわち，個々の取引仕訳のうち共通のものを本国基準・日本基準の両帳簿に転記し，本国基準固有仕訳を本国基準帳簿のみに，日本基準固有仕訳を日本基準帳簿のみに転記させることによって，各々の会計基準に基づく帳簿を保持していく方法です。これは理想的ではあるものの，技術的・コスト的に対応が難しいところがあったのですが，最近のIT技術の進展に伴いERPでこの複数帳簿管理，複数仕訳生成が可能となってきています。たとえば，オラクルEBS（R12）では，会計基準ごとに個々に設定していた仕訳パターンをあらかじめ複数仕訳マスターとして実装して，自動で複数の仕訳の生成が可能となる機能（仕訳生成モジュール）があり，正確性の向上，省力化・内部統制の強化が期待できます。

（2）通　貨

本国基準の会計報告は本国での通貨（ドル，ユーロ等）で行う必要があります。USGAAP・IFRSでは「機能通貨」アプローチを採用しており，これに基づい

図表2-3 差分仕訳のためのワークシート例

横軸にUSGAAPで求められる各特有の仕訳を入力していき、一番右端で、USGAAPベースの残高を算出するように作成します。

	JGAAP	1.Property	2.Pension	3.Goodwill	4.Software	5.Restructuring Provision	6.DTA/DTL	Total	USGAAP
Cash & cash equivalents	18,753							0	18,753
Trade receivables	40,821							0	40,821
Inventories	20,035							0	20,035
Financial assets	8,210							0	8,210
Property, plant & equipment	78,327	385						385	78,712
Pension asset	28,253		-802					-802	27,451
Goodwill	88,092			-88,092				-88,092	0
Intangible assets	2,000				-986			-986	1,014
Deferred tax assets(DTA)	0						32,045	32,045	32,045
Other assets	1,029							0	1,029
Total assets	285,520	385	-802	-88,092	-986	0	32,045	-57,450	228,070
Borrowings	-87,692							0	-87,692
Trade payables	-45,082							0	-45,082
Tax liabilities	-6,987							0	-6,987
Pension liabilities	-38,901		-295					-295	-39,196
Restructuring Provision	0					-6,000		-6,000	-6,000
Deferred tax liabilities(DTL)	-3,675						3,675	3,675	0
Other liabilities	-5,643							0	-5,643
Total liabilities	-187,980	0	-295	0	0	-6,000	3,675	-2,620	-190,600
Capital	-50,000							0	-50,000
Other reserve	0							0	0
Retained earnings	-47,540	-385	1,097	88,092	986	6,000	-35,720	60,070	12,530
Total capital	-97,540	-385	1,097	88,092	986	6,000	-35,720	60,070	-37,470
Total liabilities & capital	-285,520	-385	802	88,092	986	0	-32,045	57,450	-228,070

30

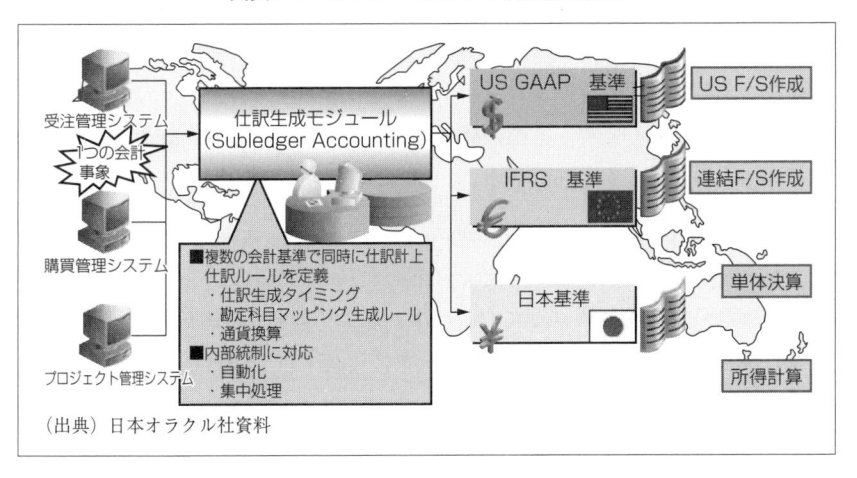

図表2-4　オラクルEBSでの複数帳簿管理

（出典）日本オラクル社資料

た管理を行う必要があり，会計帳簿管理にも大きな影響を与えます。

① **機 能 通 貨**

IFRS[8]では，**機能通貨**とは，「企業が営業活動を行う主たる経済環境の通貨」と定義しており，企業が営業活動を測定する基準となる通貨になります。会社がどの通貨を機能通貨とするかは，取引価格を規定する経済圏の通貨（取引上の表示通貨および決済通貨であることが多い）を基準にして，会社の業績を最も忠実に反映するかどうかという点から決定します。具体的には，下記の要素を考慮して機能通貨を決定することになります。

- 財貨・役務の販売価格に大きく影響を与える通貨
- 財貨・役務の販売価格を主に決定する，競争相手や規制が存在する国の通貨
- 財貨・役務の提供に関する労働や原材料その他のコストに主たる影響を及ぼす通貨　等

この要件をみる限り，外資系企業の日本子会社の機能通貨は「円」になることが多いと考えられます。

ただし，在外事業体（foreign operations）の機能通貨にあたっては，親会社

または本店からの自主性がポイントとなり，在外事業体の活動が親会社の延長線上で営まれている場合や，キャッシュフローの依存度が高い場合等には，親会社または本店の機能通貨は同一になるとされています。したがって，日本での活動であっても，本国の機能通貨たる「ユーロ」等を採用しなくてはならないケースもあるわけです。

② 表示通貨

一方，**表示通貨**とは，「財務諸表が表示される通貨」のことで，多くの場合，親会社の機能通貨が表示通貨（報告通貨）となります。米国系企業の場合「ドル」が，EU加盟国系企業の場合は，主に「ユーロ」が表示通貨ということになります。

③ 外貨建取引（取引通貨）

機能通貨以外の取引は「外貨建取引」として，その**取引通貨**を機能通貨へ換算しなければなりません。**図表2-5**はIFRSでの外貨建取引の換算方法についてまとめたものです。少し違和感があるかもしれませんが，機能通貨が「ユーロ」の場合，日本における「円」での取引は「外貨建取引」となるわけです。

また表示通貨が機能通貨と異なっている場合には，親会社の連結財務諸表作成にあたって，外貨建財務諸表の表示通貨への換算を行う必要があります。

●機能通貨が「円」，表示通貨が「ユーロ」の場合

機能通貨が「円」ですので，日々の取引の記帳は「円」で行うこととなります。この場合，本国基準の会計帳簿も日本基準の会計帳簿と同様「円」として日々記帳する一方で，本国において表示通貨たる「ユーロ」に換算替えするということになります（**図表2-5**の2.のケース）。

●機能通貨・表示通貨とも「ユーロ」の場合

現地通貨は「円」ですが，本国基準の会計帳簿は機能通貨としての「ユーロ」で記帳することとなります。**図表2-5**の1.にあるように，原則は直物レートでの換算替えが必要ですが，平均レートでの換算替えが認められてい

図表2-5 外貨建取引の換算方法（IFRS21号）

	換算方法	換算差額の処理
1. 現地通貨→機能通貨への換算 (1) 当初認識（取引）時の換算	○原則 　直物為替レートで換算替え ○容認 　1週間・1カ月等の平均レートの使用	
(2) 当初認識後の換算	○貨幣性項目 　決算日レートで再換算 ○非貨幣性項目 　取引時のレートのまま（再換算不要） ○再評価される非貨幣性項目 　再評価時のレートで再換算	発生期間の損益（P/L）として認識 ただし，再評価の評価差額が「その他包括利益」で認識される場合は換算差額も「その他包括利益」で認識
2. 機能通貨→表示通貨への換算	○資産・負債 　決算日レートで換算 ○収益・費用 　取引日の為替レート（または平均レート）で換算	株主持分の「その他の包括利益」として認識

注1：超インフレーション経済下にある場合の換算については別途定めがある。
注2：在外事業体の取得，処分，ヘッジのケースは割愛

ます。システム対応が可能であれば原則法，困難な場合は容認法を採用することとなります。

　最近のERP会計モジュールでは，この**機能通貨アプローチ**の換算機能を有しています。**図表2-7**は，オラクルEBSの外貨の機能になります。

（3） 決　算　期

　日本基準の場合，親会社と子会社の決算期の差異が3カ月を超えない場合には子会社の正規の決算を基礎として連結決算を行うことができます（3カ月ルール）[9]。またUSGAAPにおいても，日本基準同様**3カ月ルール**も認められています[10]。

　しかし，IFRSの場合は，決算期の統一が原則であり，かつ，子会社は実務上不可能でない限り，仮決算を行わねばなりません[11]。したがって，IFRS適用外資系企業の日本子会社は親会社と同一の決算期を通常採用しています。

USGAAP採用外資系企業もかつては，この3カ月ルールを利用して日本子会社の決算期を1か月早くして連結するということが行われていたようですが，IFRSとのコンバージェンスの影響や，そもそも期ズレの数字での経営判断にリスクが顕在化してきたことや，最近のERP機能の進化により，自動化が進展し，親会社と決算期を同一にして同じタームで経営を行うというのが主流になりつつあります。

　そのためには決算処理プロセスの短縮化等が日本子会社で課題となります。決算早期化を阻害する要因は各社各様ですが，たとえば次のような取り組みが必要となります。

● 全社的な取り組みが必要なケース
　例えば，売上の確定プロセスや在庫把握に時間を要するケース等会計帳簿入力の前工程でのプロセス改善が必要となります。営業部門や購買部門等経

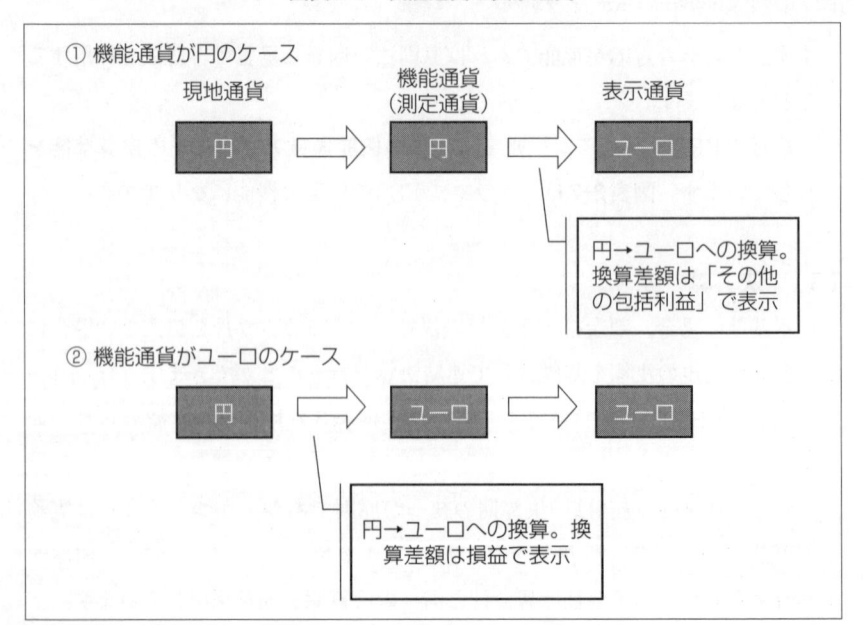

図表2-6　機能通貨と表示通貨

① 機能通貨が円のケース
現地通貨　→　機能通貨（測定通貨）　→　表示通貨
円　→　円　→　ユーロ

円→ユーロへの換算。換算差額は「その他の包括利益」で表示

② 機能通貨がユーロのケース
円　→　ユーロ　→　ユーロ

円→ユーロへの換算。換算差額は損益で表示

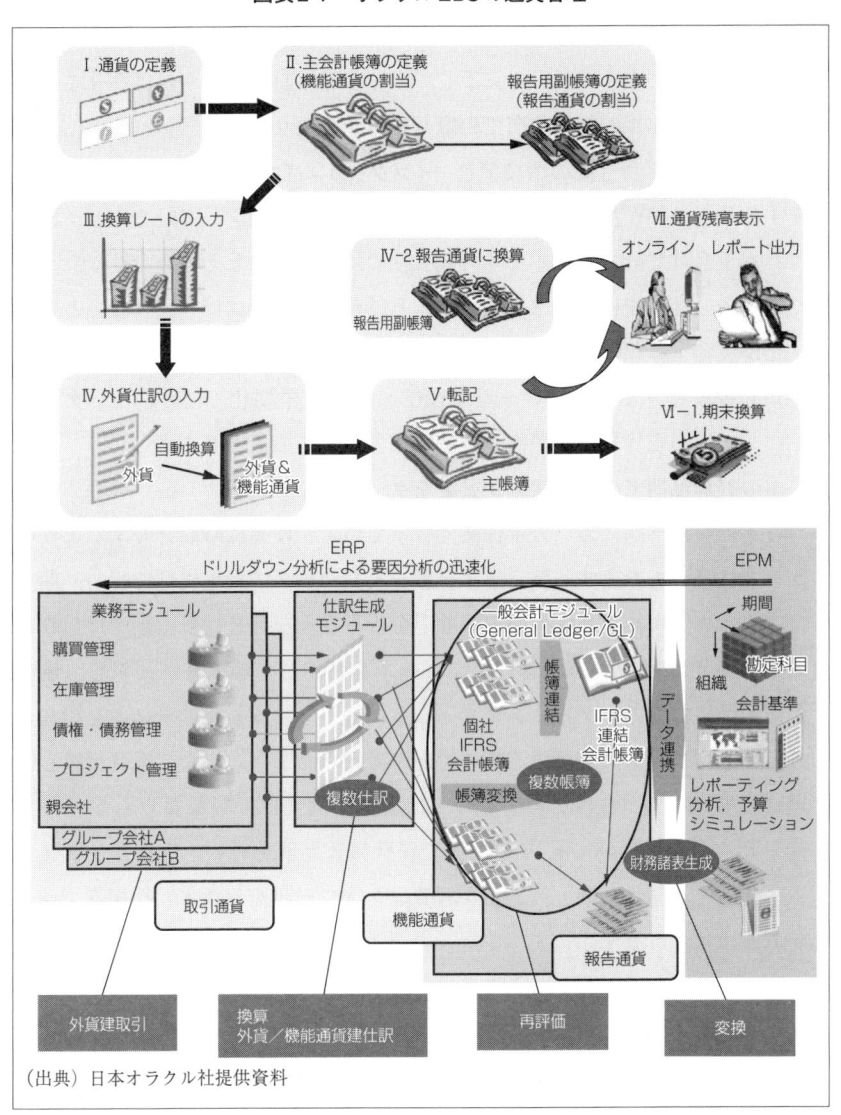

図表2-7 オラクルEBSの通貨管理

(出典）日本オラクル社提供資料

理部門以外の部門も交えたプロセス改善を検討していく必要があります。例えば，収益認識基準として検収基準を採用しているような会社の場合，検収報告書をいかにタイムリーに入手していくか等検討していかねばなりません。

● グローバルレベルの経理部門での取り込みが必要なケース

例えば，関係会社間の債権債務（**インターカンパニー勘定**）の突合に時間を要するケース等があります。通常，個々の会社で記帳をしていますと，例えば日本子会社で計上したイギリス親会社に対する債務とその親会社で計上した日本子会社の債権が本来一致すべきところが，実際には一致しないということが実務上は頻繁に起こります。このような場合はグローバルレベルで解決が必要となります。グローバルERPには決算早期化のためにインターカンパニー取引を管理する機能が実装されているものもあります[12]。

● 日本の経理部門での取り組みが必要なケース

日本の経理部門において手作業で行っているがゆえに時間を要するようなケースは多々あります。例えば，経費を支払ベースで経理処理を行い，期末（四半期末）に未払金等経過勘定の計上を行うような会社は多く見受けられますが，例えばERPの買掛管理モジュールを利用して請求書が到来し，債務の確定が確認できたタイミングで未払金に計上し，支払時に未払金を消し込むというプロセスに変更する等の対応が考えられます。また，経費精算も経理に経費精算書（伝票）を送るのではなく，例えば，従業員自らがセルフサービスで何処にいてもWeb画面で経費精算処理を行い，支払リードタイムの短縮と正確性の向上，適切な経費コントロールを目指す，仕組み，システムが求められます。

（4） 勘定科目

通常，外資系企業の日本拠点では，親会社または本店の勘定科目体系に準拠していますが，これも会社によって運営方針が異なります。細かいレベルまで親会社または本店と同じ科目で処理が求められる会社もあれば，補助科目レベルは日本で自由に使用できる会社，全く自由に運営を任さている会社などさま

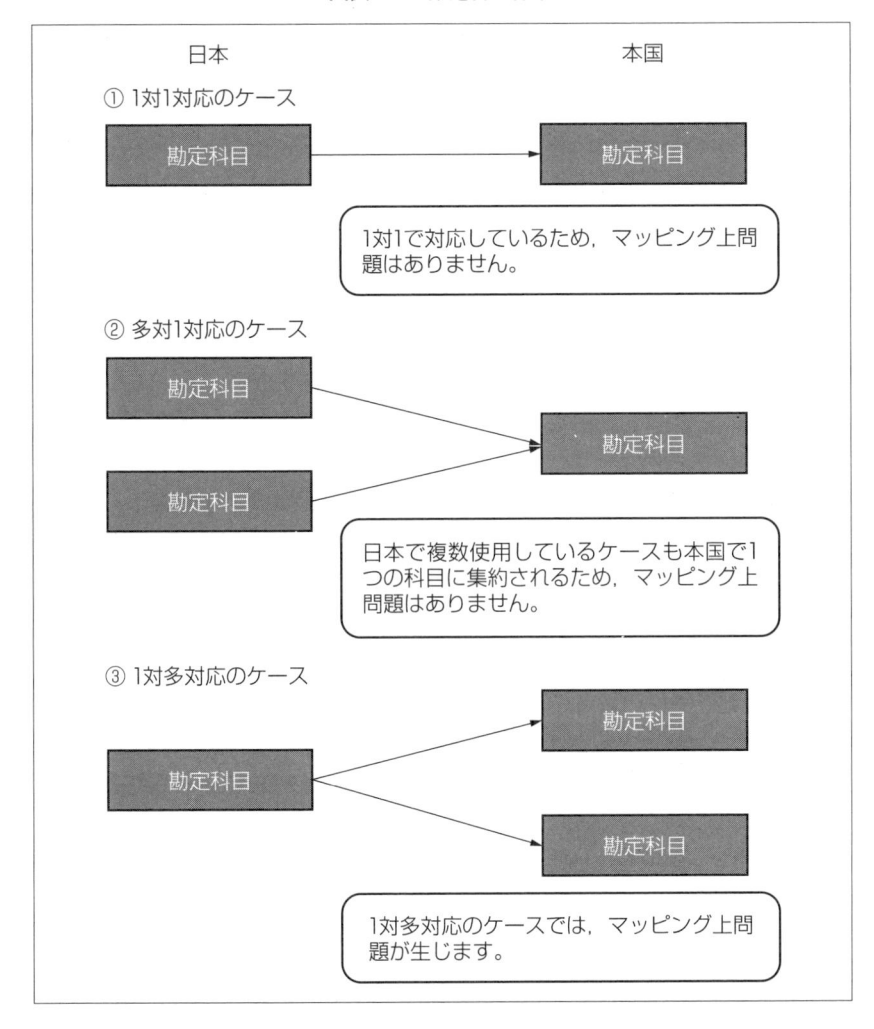

第2章 外資系企業の会計帳簿管理

図表2-8 勘定科目体系

① 1対1対応のケース

日本 勘定科目 → 本国 勘定科目

1対1で対応しているため、マッピング上問題はありません。

② 多対1対応のケース

日本の勘定科目（複数）→ 本国の勘定科目（1つ）

日本で複数使用しているケースも本国で1つの科目に集約されるため、マッピング上問題はありません。

③ 1対多対応のケース

日本の勘定科目（1つ）→ 本国の勘定科目（複数）

1対多対応のケースでは、マッピング上問題が生じます。

ざまです。

　最近はERPの導入や海外経理シェアードサービスセンター（SSC）の活用により、グローバルで勘定科目が体系化されるようになりましたが、親会社とはビジネスが異なるような場合等統一が困難なケースもあります。例えば、親会

社が金融機関で，日本には規模の小さなIT子会社がある場合，そのIT子会社の科目の多くが，親会社の連結財務諸表の「その他」勘定に区分されることになります。もしそのIT子会社が親会社と同一の勘定科目体系を使用しないといけないとなると，あらゆる科目が「その他」勘定に計上されてしまい，子会社サイドでは実態にあった財務諸表を作成することはできなくなってしまいます。

このような場合，**マッピング（勘定科目変換）**により，子会社は独自の勘定科目体系を保持しつつも，会計システム上は親会社または本店と同一体系にしているのが通常です。マッピングにあたっては，日本で1つの勘定科目で使用している項目が親会社または本店においては複数の科目に分かれるケース（1対多のケース）が対応困難なため，日本においても複数の科目に分ける必要があります（**図表2-8**）。

column 未経験者の外資系企業の入り方

　一般的に外資系企業の経理部門に入る場合には，よほどの大企業でない限り転職を通じて入社するケースが多いかと思います。その場合は人材紹介会社等を経由して仕事を探すのが一般的かと思います。このような正式なルートはUSCPA試験合格者，実務経験者等により概ね埋まってしまい，未経験者にはハードルが高い場合が往々にしてあります。

　未経験者が外資系企業の経理の正社員の座を射止める方法として，一旦派遣社員で入ってから派遣先の正社員に採用してもらうという方法があります。通常，外資系企業の日本法人の採用権限は日本のCFOやコントローラーが握っていることが多く，フレキシブルです。採用される側も敷居がそれほど高くなく，かつ，一定期間派遣先で業務に従事して評価されますので，採用する側としてもリスクが低く，お互いWin-winの関係になり易いというのがメリットです。ただし，必ずしも正社員の道が保証されているわけではありませんのでご注意下さい。

(注)

1) モジュールとは，大きな機構・組織を構成するための基本となる独立した構成要素のことをいう。ERPには，会計のほか，人事，生産管理，サプライチェーンなどが提供されている。
2) ドリル・ダウンとは，概要データから詳細データまで掘り下げて調べていくこと。例えば，ERPでは，今月の売上データから仕訳レベルのデータにまで戻っていくことなどができる。
3) オラクルEBSでは，減価償却など毎月定期的に発生するような仕訳のパターンを予め準備しておくことができる。この機能を「定型仕訳」とよんでいる。
4) オラクルEBSでは，例えば，家賃を占有面積比率などで各部門に按分するような場合，面積情報を取り込むことで，按分のための仕訳を作成することができる。この機能を「配賦仕訳」とよんでいる。
5) ネッティングとは，お金の受取りと支払いを帳簿上で相殺しあうことで，実際の取引金額を相殺して小さくするものである。一定の期日に，債権から債務を差し引いた差額を決済することから，差額決済とも呼ばれている。
6) プーリングとは，取引銀行に開設したマスター口座にグループ各社の資金繰りを集中させることを指し，グループ企業各社間で資金を融通し合うことが可能となる。
7) ワークフローとは，ビジネスの手続きを自動化するか，手続きの処理手順を規定することで，関係者の間を情報や業務が円滑に流れるようにすること，また，そうして作られた流れをいう。
8) IAS21号「外国為替レート変動の影響」(The Effects of Changes in Foreign Exchange Rates)
9) 連結財務諸表に関する会計基準（企業会計基準第22号）16項・注4
10) ASC Topic810
11) IFRS27号「連結及び個別財務諸表」(Consolidation and Separate Financial Statements)
12) オラクルEBSの場合は，子会社が親会社に対する売掛を計上すると同時に親会社側の買掛が自動計上されたり，親会社の買掛管理をクローズすると，子会社側で販売できないといった，インターカンパニー取引機能を有している。

第3章 外資系企業の会計報告

　ここでは外資系企業の会計報告を3種類のレポーティングに分けて取り上げます。第一には親会社向けのレポーティング，第二には日本の会社法や関連規則による報告，第三には税務報告です。第二および第三のレポーティングは日本で業務を行う以上，規模の大小や業種により要求の程度や深度は異なりますが，避けてはとおれないレポーティング要求となります。第一のレポーティングは親会社の財務諸表作成目的および業績評価目的に用いられ，外資系企業にとっては3つのレポーティングの中で実質的に最も重要なレポーティングです。

1　財務経理の組織体制

　図表3-1は，ある程度の規模を持つ企業の経理・財務部門の組織図の一例です[1]。

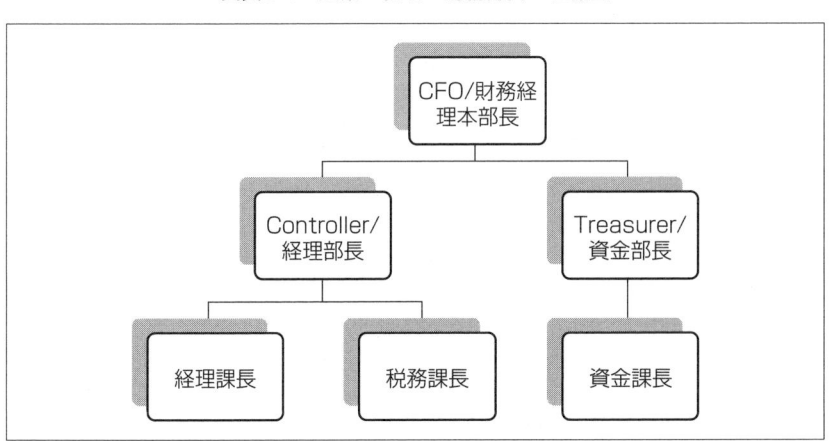

図表3-1　企業の経理・財務部門の組織図

```
                CFO/財務経理本部長
                       │
        ┌──────────────┴──────────────┐
   Controller/                      Treasurer/
    経理部長                          資金部長
        │                                │
   ┌────┴────┐                           │
 経理課長   税務課長                    資金課長
```

レポーティング業務は，経理部長のもとで主要業務として実行されます。ここでは税務課長のポジションを置きましたが，経理部内で税務業務に精通している者が，他の業務と兼務で税務業務を担当しているケースもあり，特に税務課長を置いていないケースもあります。また，税務申告業務は日々の業務ではないので，機能自体を外部の会計事務所・税理士事務所にアウトソースしているケースもあります。

2　親会社向けレポーティング

外資系企業にとって実質的にもっとも重要なレポーティングです。ここでは，大きく財務報告用と業績評価用とに分けて捉えることにします。

(1)　財務報告用レポーティング

財務報告用レポーティング業務とは，親会社の四半期ごとの決算報告に合わせて，連結財務諸表作成用のデータを作成し提出する業務です。親会社の決算スケジュールは米国企業であれば，米国証券取引委員会が定める決算報告書の提出期限によって決められます。提出期限は会社の株式時価総額等によって定められており，四半期報告書（Form 10-Q[2]）であれば，決算日後40日または45日，年次報告書（Form 10-K）であれば，決算日後60日，75日または90日までに提出することが求められています。会社区分ごとの提出期限は米国証券取引委員会のホームページに掲載されていますので，興味のある方はそちらを参照してください。

外国企業が親会社である外資系企業の決算は，親会社の決算スケジュールに従って決められます。しかし後述するように，業種によっては決算期間が日本の法律で定められている会社（銀行，証券，保険など）もあり，親会社の決算スケジュールと日本法人の法人としての決算スケジュールが異なるケースもあります。しかしここでは，親会社向けのレポーティングについて説明をしますので，親会社の決算期間＝子会社の決算期間，という前提を置くことにします。

前述したように，米国企業の場合は，四半期決算であれば最短で40日以内，年次決算であれば最短で60日以内に，親会社が決算報告書を米国証券取引委員会に提出しなければなりません。したがって，子会社の決算はそれより早く締め切られ，貸借対照表・損益計算書・キャッシュフロー計算書といった財務諸表に加えて，ディスクロージャー資料用の詳細なデータを親会社へ提出することが求められます。以下では，米国IBM社の事例をみながら，実際の決算スケジュールがどのようなものであったかを想像してみます。

> 『2012年7月19日　IBM，2012年度第2四半期の連結決算を発表　[米国ニューヨーク州アーモンク　2012年7月18日（現地時間）発]』

第2四半期末は6月30日なので，期末日後わずか3週間たらずで決算発表を行っています。決算発表では単に全体損益の結果（例：1株当たり利益）について言及するにとどまらず，主要な事業セグメント・地域セグメントごとの業績分析，経費率の分析等，第2四半期の事業の状況を説明する資料を公表しています。そして7月31日には米国証券取引委員会へForm10-Qを提出しています。

決算報告がこのように早いのはIBM社だけではなく，他の多くの米国企業も決算日後すみやかに決算発表を行っています。

7月18日に決算を発表するためには，各子会社・事業所は決算日後速やかに帳簿を締め切る必要があります。しばしば決算日から数えて「**Day x**」という言い方をしますが，決算を締め切るために子会社に与えられた日数は当然のように多くはなく，せいぜい数日程度と想像されます。貸借対照表，損益計算書，キャッシュフロー計算書の作成とディスクロージャー用資料の作成も相当程度自動化されている必要があります。おそらくは決算日後1週目の終わり（Day 5）までにはそういったデータは本社へ連結決算報告書作成用のシステムを通じて提出されていると想像されます。

この早期決算報告を実現するために，子会社の経理・財務部門の組織，プロ

セス・システムも適切に整備されて運用されている必要があります。誰がどのプロセスに責任をもつといったことを定めた職務記述書（Job Description），親会社の会計方針に関する十分な理解，米国企業であれば米国会計基準（USGAAP）を十分に理解している人材の確保，決算プロセスを支えるシステムについての習熟，本社のコントローラー部門と十分にコミュニケーションができる語学力を持つ人材等を揃えておく必要があります。また，四半期決算報告には外部の独立会計士のレビュー，年次決算には外部監査が要求されますので，子会社である外資系企業の経理・財務部門においても，外部の独立会計士との十分な連携が必要となります。

　実際の決算作業プロセスにおいては，親会社のコントローラー部門とのスケジュール確認を踏まえた事前の十分な打ち合わせ，社内の関連部門への決算スケジュール協力の依頼，決算スケジュールが順守されているかの確認，財務報告上の問題点の早期認識と解決，独立の外部監査人との連携等，短期間で実行しなくてはならないことが多くあります。それらを適切に管理しつつ，締切りまでに決算データを送付できるかどうかは，子会社のコントローラー（経理部長）のマネジメント能力とスタッフの力量にかかっています。

　また，早期の決算報告を可能にする重要なものとして，精緻な月次決算プロセスが整備されていることが必要です。月次決算が相当程度，正確に実行されており，期末においては期末特有の決算処理のみを行えば足りるという状況にあれば，期末後に速やかに決算を取りまとめることが可能になります。同時に，本社サイドにおいて連結財務諸表の作成プロセスが自動化されていることも重要です。

　ここまでの説明は日本法人が親会社の100％子会社であることを前提としていましたが，海外同士の合弁，あるいは，日本企業と海外企業との合弁である場合には，もう少し複雑なレポーティング体制になります。合弁会社であって親会社が複数以上ある場合には，それぞれの親会社の決算報告に向けたデータ提供が必要になり，決算期間が重なっているならば同じ時期に複数のレポー

ティングを実施することから，人員と手間が2倍かかることになります。それぞれの親会社のコントローラー部門との一層の調整が必要になってきます。

（2） 業績評価用レポーティング

　社内の内部管理目的としては，財務報告データに加えて業績評価用のデータの報告が求められます。これは，しばしば本社の事業セグメントが複数以上あり，それらが日本の子会社にも展開されているようなケースで当てはまります。たとえば，本社の事業部門が異なる3つの事業セグメントに分かれていて，日本でもそのまま3つの事業セグメントで事業を展開するような場合，事業セグメントごとに会社を設立することは合理的ではありません。通常は一つの会社を設立し，その中で3つの事業を展開していきます。この場合，日本法人の社長はその3つのうちの一つの事業セグメントの担当で，残りの2つは社内でのそれぞれの事業部門のトップが担当しているという形は，外資系企業の場合よく見受けられます[3]。製品や顧客，販売チャンネルなどが異なる事業を，それぞれの国でまとめて管理するよりは，本社から一貫して経営管理する方が合理的であるという考えに立った管理方法となっています。

　このような場合，経理・財務部門もその事業セグメントをサポートする形で組織されているケースが多くみられます。すなわち事業セグメントごとに，当該事業の業績を管理する担当者（事業セグメントのコントローラー）を設置するというものです。当該担当者は，経理財務部門のヘッド（CFOあるいは経理部長）にレポートするとともに，事業セグメントのトップにもレポートする形をとります。この複数レポーティングの体制は，外資系企業においてよくみられます。

　この関係を図で示すと，**図表3-2**のようになります。ここでは，経理部長の組織の中に事業セグメントの担当者がいますが，同時に事業セグメントの責任者へレポートする体制になっています。

　事業セグメントの業績評価用のデータは，財務報告用の業績評価データよりも詳細なものであることが要求されます。例えば，主要な顧客ごとの売上高，

図表3-2　事業セグメント責任者のレポート体制

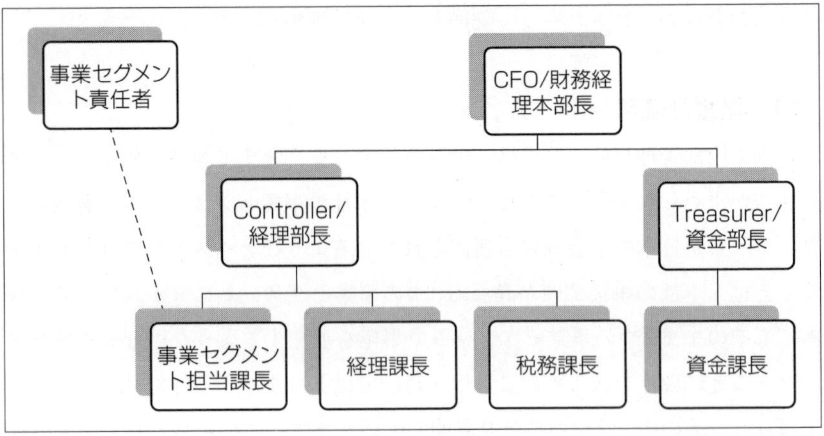

```
事業セグメン                    CFO/財務経
ト責任者                          理本部長
     ┊                    ┌───────┴───────┐
     ┊              Controller/        Treasurer/
     ┊               経理部長            資金部長
     ┊          ┌───────┴───────┐           │
     └──── 事業セグメン    経理課長    税務課長    資金課長
           ト担当課長
```

　利益率，在庫の回転率，売掛金の回収期間など，事業セグメントの責任者が経営判断を下すために必要とされるデータが経理・財務部門の担当者から提供されます。そして，それらのデータはある程度まとめられて，本社の事業セグメントの責任者へと提供されます。これらのデータ提供は四半期を待つことなく，月次で提供されることが必要です。また，最近ではITを用いた大量のデータ処理が可能になったことを受けて，月次でなく週次さらには日次でのデータ報告が可能となっています。

　事業によっては，複数の国にまたがって展開されるものがあります。例えば，証券会社であれば，日本国債のトレーダーが日本とシンガポールにそれぞれ存在し，ロンドンにいる日本国債のトレーディングの責任者にレポートしている，といったような状況がありえます。このような場合，国ごとに設立されている法人は，もはや事業セグメントの損益を集計する単位にはなりえません。この場合，ロンドンにいる日本国債のトレーディングの責任者の事業損益を把握するために，「どこかの」国にいる事業担当のコントローラーが損益の集計を行い，ロンドンの責任者へレポートすることになります。これを可能にするためには，世界中のオペレーションで同一の統合された会計業績管理システムが導入され，

適切に運用されていることが必要になります。事業担当のコントローラーは，システムから日本国債のトレーディング損益と関連するコスト（トレーダーの報酬などの直接費やその他の間接費）を集計しセグメントの事業損益を確定させると同時に，必要な分析を行った後に，セグメントの責任者へ業績報告を行います。

報告というと，どうしても法人単位・事業所単位でのレポーティングにとらわれがちですが，このように事業を水平的に展開している場合には，違った視点でのレポーティングが必要になります。

3　会社法に基づくレポーティング

少数の例外（例：日本オラクル）を除き，外資系企業は日本で上場していません。そのため，前述したような合弁会社で親会社の一方が日本の上場企業である場合等を除き，金融商品取引法に基づくレポーティングは必要ではありません。親会社の一方が日本の上場企業である場合には，金融商品取引法に基づいた決算および開示資料の提供が必要になりますが，ここではそのようなケースは想定せず，100％の子会社であるとの前提で話をすすめます。

外資系企業に限らず，すべての日本法人は会社法435条2項の規定に基づき，毎事業年度に計算書類等（貸借対照表，損益計算書，株主資本等変動計算書，個別注記表，計算書類の附属明細書，事業報告，事業報告の附属明細書，監査報告，会計監査報告）を作成することが義務付けられています。

計算書類等の監査のために会計監査人（独立の外部監査人）を設置することは任意ですが，委員会設置会社および会社法上の大会社（資本金額5億円以上あるいは負債総額200億円以上）の株式会社は会計監査人の設置が義務付けられています。このため資本金額を5億円未満として，会計監査人の設置を行わない外資系企業も少なくありません。親会社の観点からみれば，すでに連結財務諸表監査のために独立の外部監査人と契約して子会社の監査を実施していますので，公開会社ではない日本の子会社の日本基準に基づく財務諸表監査のために余計

47

な費用はかけたくないということです。

　なお、会社法に合同会社という会社形態があります。合同会社についての詳細説明は専門書に譲りますが、合同会社においては株式会社に求められる株主総会や取締役会などの機関設置の義務付けがなく、会計監査人の設置が求められていないことが特徴です。したがって、資本金額や負債総額の金額が会社法上の大会社の規模になったとしても、株式会社ではなく合同会社形態を採用していれば、日本基準での会計監査は不要となり、監査のためのコストの発生を避けることが可能となります。また、株式会社では必要な決算の開示義務は合同会社にありません（任意）。合同会社の特徴はもちろんそれらだけではありませんが、これまで何社かの外資系企業が株式会社から合同会社へと組織形態を変えている背景には、会計監査人の設置や決算の開示が不要であるといった理由もあるように思われます。例えば、ユニバーサルミュージック合同会社の資本金は295億2百万円、日本ケロッグ合同会社の資本金は10億円（いずれも2012年8月末現在）で、株式会社であれば、会計監査人による監査および財務情報の開示が求められます。

　事業年度については、親会社と同一の決算期間を事業年度として定めることが一般的です。ただし、事業が日本の国内法に基づいて行われ、当該国内法が決算期間を定めている場合、日本法人の事業年度は親会社の事業年度と必ずしも同一ではなくなります。例えば、銀行法第17条の規定により、銀行の事業年度は4月1日から翌年3月31日となっており、日本で銀行業を営むすべての銀行の事業年度は同一となっています。欧米系の銀行は決算期間が1月1日から12月31日となっていることが多く、親会社向けのレポーティングと会社法に基づくレポーティングの対象期間は一致しません。

　また、会社法および会社計算規則に基づく計算書類等の開示は、一部の業種を除き、年次決算のみが開示の対象となっており、定時株主総会の終結後遅滞なく、貸借対照表（大会社にあっては貸借対照表および損益計算書）を開示しなければなりません。

　このように、会社法決算は年次決算のみが開示の対象とされていることから、

一般に外資系企業においては，それほど重視されていません。親会社の観点からも，日本で業務を行うために付随的に発生する業務として理解されていることも決して少なくありません。ただし，親会社基準で作成された子会社の財務数値は，売上高等の限られたデータ以外は外部へ公開されることがないので，もし何らかの理由で，顧客等から日本の子会社の財務数値の提出を求められた場合には，日本の会計基準に準拠した子会社の財務諸表等を提出することになることもありえます。親会社の財務報告および業績報告の観点からは重要ではないとしても，日本の会計基準に準拠して，日本基準の財務諸表等を適正に作成する必要があることに変わりはありません。また，日本の子会社から親会社へ株主配当を実施する場合には，会社法決算で作成された貸借対照表の利益剰余金が配当のベースになります。特に米国企業は配当や株式の買い入れ消却などで，株主へ利益を還元することが強く期待されています。配当や株式の買い入れ消却には現金が必要であり，順調に成長している海外の子会社からの現金配当をそれらに充当することが期待されます。この観点から，会社法ベースの決算は親会社にとって配当により子会社から受け取ることのできる現金がどの程度であるかをみる重要な指標になります。

　会社法ベースの決算は年次でしか行われませんが，外資系企業の経理・財務部門では親会社決算に習熟するとともに，会社法決算についても十分に理解をしておく必要があり，親会社決算と会社法決算の差異についても親会社に正確に説明ができるようになっておかなければなりません。10年以上前と異なり，日本の会計基準も国際会計基準の導入を踏まえて，非常に大きな改定がなされています。自己学習や外部の研修を通じて，会計基準のアップデートについて，実務への適用もあわせて十分に理解しておくことが求められます。

4　税務報告

　日本で事業を行う以上，税務報告は避けられないものの一つです。先に述べた合同会社形態であったとしても税務上は株式会社との差異はありません。税

務については第6章において詳しく説明しますので，ここでは通常の税務報告業務について説明しておきます。

　ご存知のように税務は，財務報告よりもさらに専門性の高い分野です。さらに法人税のほか地方税，所得税，消費税などカバーすべき範囲も広いものとなっています。金融機関や大規模な会社を除き，自社で税務の担当者を専任で設置している外資系企業はそれほど多くないと思われます。その場合は，親会社が指名するBig 4会計事務所系の税理士法人を使うか，日本の税理士法人あるいは税理士事務所と契約して，税務対応を行っています。そうであるからといって，全てを外部の税理士事務所へ任せてしまうことはできません。日本の会社として税務報告に責任を持つことはいうまでもありませんので，外部の専門家を有効に利用しつつ，税務のリスクを評価するとともに，適正な納税・税務報告を行わなければなりません。

　事業および親会社との関係で経理・財務部門にとって税務面で重要なことは，事業に関連する税法の改正が予想される場合，その改正による事業への影響度について分析し，事業の責任者および親会社へ速やかに報告することです。

　最近の事例としては，2011年11月に法人税率改正の法案が成立しました。法人税率の引き下げは2012年4月1日から始まる事業年度ですが，米国会計基準では法案成立日が含まれる四半期において，その影響を財務諸表に反映する必要がありました。法案の内容は法案成立以前に公表されていますので，多くの外資系企業が法案成立の影響について事前に分析し，親会社へ報告を行っていたものと思われます。これはまさに経理・財務部門でなければできない仕事であり，付加価値の高い仕事といえます。同様に，消費税率の改定法案が成立し，経済状況の好転を前提として2014年4月から消費税率が8％に，2015年10月から10％に変更になる見込みです。これは事業によっては，損益に大きな影響があります。

　このように，税法の変更は，将来にわたる日本の事業の収益性に大きな影響を及ぼす場合が少なからずあります。経理・財務部門に勤務する者にとっては，これを機会に経営への積極的な提言を行っていくことが期待されます。

日本の税法に加えて，米国税法や欧州の各国税法の理解も非常に重要です。欧米の企業は税金を事業コストととらえて，それを可能な限り少なくすることをひとつの財務目標としており，そのためにさまざまな税務テクニックを駆使して，税金費用を最小限にするべく社内に税務部門という専門家集団を擁しています。その規模は1社当たり100人を超えることも少なくありません。買収などの企業再編においては，税務面でもっとも有利なストラクチャーが選ばれる事例が非常に多くあります。日本の子会社の財務報告部門において税務に携わる方にとっても，米国税法等の知識を身に着けることで，彼らの考え方や発想をより理解することがきるようになるといえます。

5　おわりに

　この章では，外資系企業の会計報告ということで，3つのレポーティングを取り上げて説明を行いました。経理・財務部門にとってはどれをとっても重要なレポーティングですが，その目的によって重要度が異なります。レポーティングの目的を十分に理解するとともに，必要な知識の習得と活用に向けて，日々研鑽されることを期待いたします。

（注）
1）　詳しくは，第1章6頁を参照。
2）　Form 10-Q：四半期報告書。年次報告書である10-Kと比べて，開示情報が簡素化されており，外部の独立監査人による監査は要求されていない。
3）　マトリックス組織：第1章6頁参照。

第4章 外資系企業の内部統制

　今日では内部統制という言葉も一般用語となった感があります。日本の上場企業においても金融商品取引法の規定により，内部統制報告書を年次に提出する義務が課せられており，内部統制報告書は有価証券報告書の一部に組み込まれて開示されます。日本の上場企業は内部統制報告書において，財務報告に係る内部統制の基本的事項，評価の範囲，基準日及び評価手続きに関する事項，評価結果に関する事項について報告を行います。

　外資系企業の大部分は日本の上場企業等ではありませんので，直接的に金融商品取引法に基づく内部統制に規制されませんが，親会社が米国の証券取引所に上場しているケースでは，米国のサーベンス・オクスレー法（SOX法）の規制を受けることになります。

1　サーベンス・オクスレー法（SOX法）

　2002年に成立した**米国企業改革法**（サーベンス・オクスレー法あるいはSOX法）は，2001年に当時の大企業（売上1,000億ドル超）であったエンロンが不正経理・不正取引により破たんしたことを受けて，資本市場における財務報告にかかる信頼性を回復させることを目的としたものです。当時Big5[1]と呼ばれていた会計事務所のひとつであったアーサー・アンダーセンは，エンロンの不正経理に加担したことを問われ解散することとなり，これ以後，会計事務所はBig4となったことをご存知の方も多いことと思います。なお，サーベンスおよびオクスレーはともにこの法案を提出した米国の議員の名前です。

　サーベンス・オクスレー法は企業会計・財務報告の信頼性確保のために，公開会社を監査する会計事務所の監査業務の品質を監視する機関としての公開会社会計監視委員会[2]（PCAOB：Public Company Accounting Oversight Board）の設

置や監査人の独立性強化，財務ディスクロージャーの強化などを規定しています。特に重要なのは，**302条**と**404条**であり，302条は年次報告書の開示が真実で，完全かつ適切であることについて**経営者**（**CEO**および**CFO**）による**証明書**の提出を要求しています。また，404条は財務報告に係る内部統制について経営者がその有効性[3]を評価し，**内部統制報告書**を作成することを要求するとともに独立監査人による内部統制の監査を義務付けています。

特に404条にどのように準拠するかは，米国上場企業にとって非常に重要な課題となりました。適用の初年度となった2005年度決算までの期間で，会計事務所やコンサルティング会社を巻き込んで相当の費用をかけて準備をすることになったのは記憶にも新しいところです。読者の方の中にも当時，子会社の経理・財務部門の一員としてSOX法404条の適用に向けてご準備をされた経験のある方もいらっしゃると思います。

以上のように外資系企業（特に米国系企業）においては，内部統制をどのように構築しその有効性をどのように評価するかは，SOX法404条にどのように準拠するかということとほぼ同義といってよいでしょう。

2　COSOフレームワーク

具体的なSOX法404条の適用の話に移る前に，**内部統制**とはどのようなものであるかについておさらいをしておきたいと思います。内部統制とは一言でいえば「業務の適正を確保するためのプロセス」です。内部統制のフレームワークとしては，米国の**トレッドウェイ委員会組織委員会**（**COSO**）[4]が1992年に公表した報告書である「内部統制の統合的枠組み」が一般的に用いられています。

COSOでは内部統制の目的として以下の3つを定めています。

① 業務の有効性および効率性
② 財務報告の信頼性

③ 関連法規の遵守

同時に，内部統制の構成要素として以下の5つの要素を設定しています。
① **統制環境**
② **リスク評価**
③ **統制活動**
④ **情報とコミュニケーション**
⑤ **監視活動**（モニタリング）

図表4-1はこれらの3つの目的と5つの要素をマトリックス的に組み合わせた「COSOキューブ」と呼ばれるもので，COSOの内部統制モデルを視覚的に表しています。非常に有名なものなので，皆さんもどこかで目にされたことがあるでしょう。

以上のように内部統制とは，3つの目的を合理的に保証するために経営者によって遂行されるプロセスのことをいい，その有効な内部統制の構成要素として上記の5つの要素があるということです。

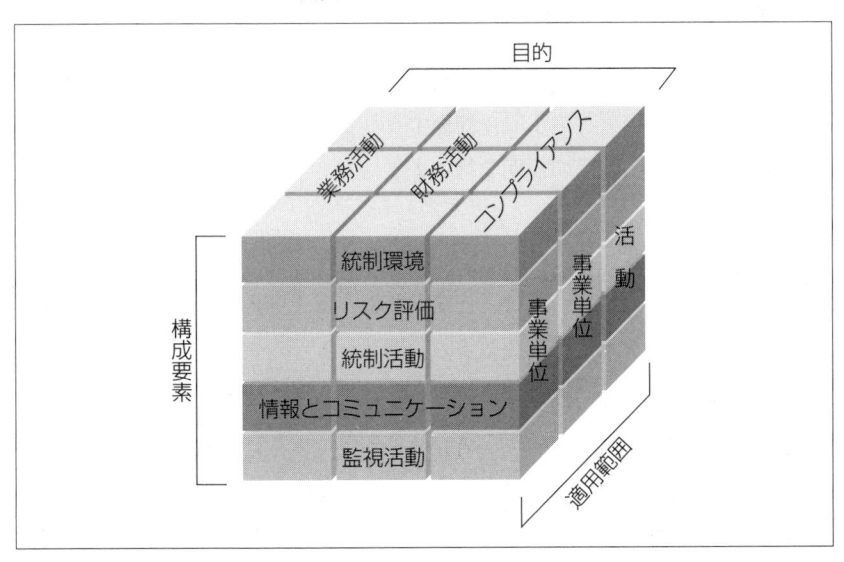

図表4-1　COSOキューブ

トレッドウェイ委員会組織委員会は1992年に内部統制フレームワークを公表した後，2004年にエンタープライズ・リスクマネジメントのためのフレームワークとして，COSO ERMフレームワークを公表しています。従来の内部統制フレームワークを補完的に拡張し，リスクの観点からマネジメントと内部統制を統合する考え方を示したものです。今日，リスクマネジメントは経営の最大の課題のひとつと言っても過言ではありませんので，興味のある方は是非，関連する図書・資料などを一読されることをお勧めいたします。

　なお現在，トレッドウェイ委員会組織委員会は1992年に公表した内部統制フレームワークの改定を行っており，COSOのホームページによれば，改訂版は2013年の第1四半期に正式に公表される予定とのことです。改定内容の詳しい説明は本書では行いませんが，経理・財務部門で働く方にとっては内部統制フレームワークの改定について一通りの理解を行うことは大変重要であると思われます。改定後は，改定内容の解説等のセミナーに出席するなどして，知識のブラッシュアップを是非とも行うようにしてください。

3　内部統制の構成要素

　SOX法404条に係る経営者評価を行うためには，上述した内部統制の5つの構成要素を文書化し，テストし，評価することが求められています。これらの構成要素について，以下で説明を行います。

(1)　統制環境

　統制環境とは，一言でいえば「社風」あるいは「企業文化」といったものであり，内部統制のすべての構成要素の基礎となるものです。統制環境は，組織構造や人的資源に関する方針と手続き，といった目に見えるものと，誠実性や経営者の哲学や行動様式といった概念的なものの双方を含みます。

　日本においても，経営者の暴走を止めることができなかったために破たんしたり，経営難に陥った企業はこれまで数多存在しました。旧来は，いわゆるメ

インバンクが実質的に経営者の暴走を止める機能を果たしていた時期もありましたが,銀行自身が破たん・合併を繰り返してきた結果,以前のような銀行によるガバナンスは,実質的な銀行支配下の企業でない限りは,機能しなくなってきています。このような時代においては,まさに経営者の哲学・倫理観といった目にみえないものが,統制環境に大きく影響を及ぼします。

(2) リスク評価

リスク評価とは,企業の目標達成を阻害するリスクを識別して分析し,当該リスクをどのように管理するかを決定するための基盤を確立することです。今日では,独立したリスク管理部門を設置し,ほかの部門とは独立した形で企業全体および個別のプロセスあるいは新規の取り組みなどについてリスク評価を行う場合も少なくありません。また,リスク管理委員会を設置し,横断的にリスクの識別・分析を行う場合も往々にして見られます。

(3) 統制活動

統制活動は,経営者からの指示が適切に実行されることを確保するための方針や手続きであり,組織内におけるすべてのプロセスおよび機能において実行されるものです。統制活動には,職務分掌や通常のプロセスで行われる検証や照合,レビューならびに承認などが含まれます。具体的には,マネジメント層によって行われる予算実績報告書のレビュー,マネジャーによる自部門の業績あるいは作業進捗状況のレビューおよび職務分掌による業務の適切な分離(例えば,売掛金の回収担当者は売掛金補助簿の記帳は行わない)などがあげられます。

(4) 情報とコミュニケーション

情報とコミュニケーションとは,適切な情報が識別,把握,処理され,社員をはじめ必要な関係者に対して,それが適切に伝えられることを確保することをいいます。情報はEメールのように特定の関係者間で比較的自由に交換されるものもあれば,SNS(ソーシャル・ネットワーキング・サービス)[5]によって特定

のコミュニティーの中で交換されるものもあります。それらに対して内部統制の構成要素としての情報とコミュニケーションにおいては，企業内において適切な情報伝達のルートを整備するとともに，情報を受け取った者が自分の業務を適切に行えるようにする必要があります。

(5) 監視活動

監視活動は，内部統制が有効に機能していることを継続的に評価するプロセスです。わかりやすい例としては，内部監査部門[6]により行われる内部統制の有効性評価手続きの実施があげられます。また，内部統制の自己評価[7]や結果のレビューとフォローアップは重要な監視活動のひとつです。

内部統制の有効性の評価とは，上述した5つの内部統制の構成要素が存在し，かつ，有効に機能しているのかどうかについて，経営者の主観的な判断を行うことです。内部統制の構成要素が有効に機能していることは，統制目的に対して，合理的な保証を提供するとされています。

4 内部統制評価の手続き

内部統制を評価するためには，その5つの構成要素が有効に機能していることを確認する必要があります。そのために企業は，一般的には以下の手続きによって**有効性評価**を行います。

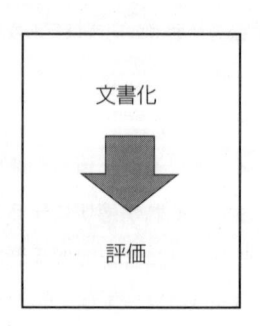

```
┌─────────────┐
│   文書化    │
│      ↓      │
│    評価     │
└─────────────┘
```

非常に単純化しましたが，内部統制の有効性評価は，対象となるプロセスを選び，それを文書に落とし込むこと，次に，文書化されたプロセスが記述どおりに機能しているかどうかを評価すること，の2つのプロセスからなっています。

 では，文書化の前提となるプロセスの選定について説明しましょう。

（1） プロセスの選定

 前述したようにサーベンス・オクスレー法404条が要求しているのは，財務報告にかかる内部統制の有効性についての経営者の評価ということですので，対象となるプロセスは，**財務報告に関連する内部統制プロセス**ということになります。

 財務報告にかかる内部統制プロセスは，それこそ多数存在していますので，そのすべてについて文書化を行うことは時間も人も有効である環境下では有効なアプローチではありません。404条の経営者評価の対象となる連結財務諸表には，親会社のオペレーションだけではなく，例えば海外の製造子会社，販売拠点，重要な投資先等々の業績が含まれます。これらの会社・子会社・投資先等の財務報告にかかる内部統制プロセスを全て網羅的に評価の対象とすると，評価作業に膨大な時間と労力が必要になり，コストがベネフィットを上回ってしまうことになります。この観点から通常は，連結財務諸表に関して，重要な勘定科目，重要な事業拠点，相対的にリスクの高い事業単位・投資先などを勘案して，評価の対象とすべき内部統制プロセスの範囲を決定します。

 したがって，日本国内で事業を展開する外資系企業日本子会社の中でも，親会社の連結財務諸表に占める割合が相対的に高い企業の場合には，その全体あるいは重要な一部が内部統制評価の対象になります。反対に，重要度が相対的に低い企業の場合にはSOX法404条評価の対象外とされ，その場合は，通常の内部監査部門の監査による内部統制の評価・検証が中心になります。

（2）文書化

では，重要度が高くSOX法404条評価の対象となった企業では，どのように内部統制プロセスの評価を行えばいいのでしょうか。ここで鍵となるのは，どのような内部統制プロセスによって会社の財務諸表数値が誤りなく記録され報告されているかという観点です。

① プロセスの文書化

会社の経営者は財務諸表の重要な勘定科目および開示事項（財務諸表注記を含むが，それに限られない）に関連する一連のプロセスについて，内部統制評価のために**文書化**を行う必要があります。この文書化においては，プロセスを，第三者的に評価する者が，取引の開始から財務諸表への記録までの一連の流れについて支障なく理解することが可能な程度に詳細に記述すると同時に，その一連のプロセスの中でどのようにその取引が開始され，承認され，記録され，会計帳簿に反映されるかといった点について明確に記載します。あわせて，そのプロセスが関連する財務諸表項目について誤謬や不正によって正しく表示されないリスクについても言及する必要があります。

例えば，売上に関連するプロセスについて文書化する場合は，売上取引の開始から売掛金の補助簿を経て総勘定元帳に売上および売掛金がどのように計上されるか，という一連のプロセスについての文書化を行います。

具体的な文書化の成果物としては，**業務記述書**，**フローチャート**，**質問書**，**方針等マニュアル**があげられますが，フローチャートに説明文書を加えたものが視覚的にも内部統制プロセスの理解を行うためには有用であると思われます。

フローチャートは手書きでも作成できますが，データとして保存できる点，後日の修正変更が容易という点を考えると，フローチャート作画用のソフトウェアを使って作成する方法をお勧めします。表計算ソフトやプレゼンテーション資料作成用ソフトにもフローチャート作成機能はありますが，機能が限定的であることもあり，予算が許せば是非，専用のソフトウェアを使ってみてください。作成上の注意点としては，あらかじめ作成についてのルール（記号

の意味,使い方など)を明確にしておくことです。こうしておくことで,それぞれが自分流のフローチャートを作成してしまい,後日,調整に膨大な時間を要す,といったことを事前に防ぐことができます。

初めてSOX法404条評価のための文書化作業を行った方はご記憶に新しいかと思いますが,SOX法適用以前にも,会社内にはさまざまな内部統制プロセスに関する文書,方針等がすでに存在していましたが,それらを体系的・一元的にまとめたものはなく,多くの企業が実質的に一から文書化を行うことになりました。この作業には多くの社内リソースが使われただけでなく,しばしば専従者を割り当て社内横断的なプロジェクトチームを立ち上げ,外部のコンサルタント会社の支援を得ながら,予定された期限までにプロセスの文書化作

column フローチャート・テンプレート

フローチャートは業務の流れを理解するための非常に便利なツールです。ぜひ,身に着けて活用できるようにしておきましょう。先ほど,フローチャートを手書きするよりソフトウェアを使用しましょう,と書きましたが,手書きを何よりも愛する方のために,フローチャート用のテンプレートが販売されています。

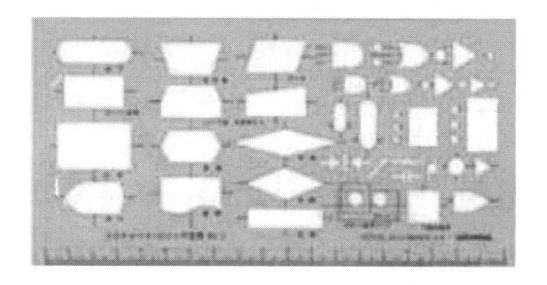

ウチダ製図器の「フローチャート・ロジック定規」です。文房具店あるいはネットでも購入できます。20数年前,コンピュータが一般にそれほど普及していなかった当時,この定規を使ってフローチャートを書いていました。

業を終了させたというのが実態かと思われます。一度，文書化を完成させてしまえば，内部統制評価の対処となるプロセスが変更されない限り，定期的に文書が最新であるかどうかを確認することを通じて，文書の更新を続けていくことになります。

② 内部統制の整備状況の文書化

プロセスの文書化が完了した後は，内部統制の整備状況を文書化することになります。前述したように，内部統制はプロセスであり，それが有効に機能しているかどうかは，内部統制の5つの構成要素について評価することを通じて確認をすることになります。

それでは5つの構成要素について，どのように文書化を行えばいいのでしょうか。

統制環境は「企業文化」といったものですので，個々のプロセスとは直接には結びつけられません。したがって，全社的なレベルから文書化を行います。ただし，全社的なレベルだけではなく統制環境が組織の末端までに機能していることを示す必要があります。具体例としては，取締役会議事録，職務説明文書（Job Description），組織図，従業員に関する方針および手続きマニュアルなどがあげられます。

リスク評価についても，全社的なレベルでの文書化を行います。全社的リスク分析の報告書，リスク管理委員会議事録などが該当します。

統制活動は，通常すべてのプロセスについて文書化を行います。個々の勘定科目にかかる統制活動はそれぞれ個別に存在し，機能しているので，全社的な観点からのみの文書化では不十分です。取引の承認でわかるように，統制活動は個々の取引レベルで実行されています。

情報とコミュニケーションは，全社的なレベルだけでなく，組織のあらゆるレベルで実行されています。そのために，全社レベルで文書化されるほか，個々のプロセスにおいても文書化されます。財務報告に関連するところを挙げれば，財務報告マニュアル，会計方針および手続等がそれに該当します。

監視活動は内部監査部門などによって行われる独立的な活動と，通常業務の中で継続的に行われる管理監視活動があります。前者は，一般的に全社レベルで文書化され，後者は個々のプロセスに含めて文書化されます。内部監査による監査報告書や自己評価（セルフ・アセスメント）の報告書が含まれます。

ここで統制活動の中で特に重要なITにかかる統制の文書化についてふれておきましょう。現在の企業活動においては，ITの利用は業務の有効な活動のためには不可欠であり，それは財務諸表作成に関しても変わることはありません。むしろ，財務諸表データは大量の個々のデータの集積であることを鑑みると，ITにかかる統制活動を評価することは，財務諸表作成にかかる内部統制を評価する際に，非常に重要な構成となることを疑う余地はないものと考えます。

IT統制は，全般統制とアプリケーション統制に分けて捉えることができます。全般統制には，IT統制環境，プログラム開発，プログラム変更，データセキュリティー，コンピュータの運用が含まれます。アプリケーション統制は，個々のアプリケーション・システムにおいて，取引データの正確性や網羅性を確保するプログラムに組み込まれた統制のことをいいます。

（3） 内部統制の有効性のテスト

文書化が終了した次のステップは内部統制の有効性のテストです。SOX法404条の要求する経営者による内部統制の運用状況の有効性の評価のためには，統制をテストする必要があります。また，評価結果を裏付けるためにテストの結果を文書化し，保存することが求められています。

① テスト計画

当該テストは，誰がどの内部統制プロセスをいつテストするか，といった**テスト計画**に基づいて実行されます。テスト計画は事前に監査委員会や経営会議などといった企業の重要な監視機関・意思決定機関に報告され，経営者の承認を得ておきます。誰が実施するか，という点については会社によって差異がみ

られます。内部監査部門が実施する会社もあれば，財務経理部門にて実施する会社もあります。また，内部監査部門と財務経理部門から離れた独立した部門（例えばリスク管理部門）で実施される場合もあります。リソースについても，社内リソースで実施する場合と外部リソース（内部統制の有効性テストに長けている監査法人やコンサルティング会社に依頼する場合が多い）にテストの全部あるいは一部をアウトソースする場合があります。アウトソースする場合，テスト計画の策定およびテスト結果の評価については社内の責任ある部門で行い，テストのプロセスのみをアウトソースすることが一般的です。

テスト計画については，独立の外部監査人と意見交換をすることが一般的です。独立の外部監査人は，SOX法404条により経営者の内部統制の有効性評価を監査することが求められており，事前にテスト計画を独立の外部監査人と話し合うことは会社および独立の外部監査人の双方にとってメリットがあります。

では実際に財務諸表項目のどの程度をカバーすれば足りるのでしょうか。具体的な運用は各社によって異なりますが，重要な科目について残高ベースで8割程度をカバーできれば十分ではないでしょうか。これは例えば売上についていえば，複数の主要な販売チャネルがある場合に，合算ベースで売上の8割を

column　ウォークスルー

ウォークスルー（Walkthrough）という言葉を聞かれたことはないでしょうか。これは，取引の発生からシステムを経て最終的に財務諸表に記録されるまでの一連の流れをたどるレビュープロセスのことを言います。内部統制の有効性テストに関連してしばしば実際に現場で使われる言葉ですので，是非覚えておいてください。

なお，乗用車の前席と後部座席（あるいは2列目と3列目の座席）を自由に移動することを同様に「ウォークスルー」といいます。車に詳しい方にとってはこちらの定義の方がなじみ深いことでしょう。

カバーする主要な販売チャネルについて，財務諸表に関連するプロセスにかかるテストを実施すれば，内部統制評価の目的は達せられると考えてよいということです。ここで示した例は一例ですが，実際には親会社からのインストラクションによって具体的な指示がされる場合が多いといえます。

② テストの手法

次に具体的なテストの手法ですが，それには，**質問**，**観察**，**検証**，**再実施**の4つがあります。保証のレベルとしては質問が最も低く，順番に観察，検証，再実施の順に高くなっていきます。反対に，手続きの効率性としては質問が最も高く，順番に効率が落ちていきます。したがって，テストの実施に際しては，この4つをどのように組み合わせるかを勘定科目に内在するリスクを考慮しながら決定していくことが重要です。

また，ITにより自動化あるいは半自動化されたプロセスについては，先に述べたITの全般統制とアプリケーション統制が有効に機能していることを確認するためのテストを実施する必要があります。

③ テストの実施時期

テスト計画にはテストの実施時期についても明確に定められます。取引によっては，日常的に発生しているものと，月次，四半期あるいは年次にしか発生しない取引があり，それぞれの取引の発生のタイミングに合わせてテスト時期を決定することが求められます。例えば，四半期にしか発生しない取引（決算処理）についてはできれば第2四半期，おそくとも第3四半期の決算プロセスについてテストを実施する必要があります。これは，もし第3四半期の決算プロセスのテストの結果，修正すべき欠陥が発見された場合は，第4四半期の決算にて正しく修正されたか否かを確認することができるので，年間をベースに実施される経営者の有効性評価に間に合います。しかし，第4四半期にテストを実施した結果，プロセスに欠陥が発見された場合は，修正のチャンスがありません。もしその欠陥が重要なものである場合は，有効性評価にも影響を及

ぼします。同様に年次でしか確認できないプロセスがある場合は，そのプロセスが有効に機能するかどうかについて事前に確認をする場合も多くみられます。

（4） 問題点の評価

　テストの結果，確認された内部統制上の問題点は経営者によって評価され，適切な修正措置が取られる必要があります。

　確認された問題点は，財務諸表に与える影響度を勘案して重要度が付されます。一般的に，重要度を「High（高）」「Medium（中）」「Low（低）」に分類し，経営者が取るべき処置を定めていることが多いです。どのようなものを「High」に分類するかは会社によって定義されますが，問題点が財務諸表の利益に与える影響あるいは貸借対照表に与える影響がx％を超えると考えられる場合に「High」，x％からy％の場合に「Middle」，y％未満の場合は「Low」などと定められます。「High」の場合には本社の監査委員会やディスクロージャー委員会といった委員会に報告され，SOX法404条の会社全体における内部統制の有効性の判定にどのように影響を及ぼすかが検討されます。

　テストの結果は，年間のテストが終了するまで経営者に報告されないということではなく，テストの結果，問題点が発見されなかった場合においても，中間報告として都度，経営者に報告されることが必要です。最終的に外資系企業の経営者は，テストの結果を踏まえ，各プロセスの責任者からの報告等も勘案し，自社の財務報告にかかる内部統制は有効に機能している（あるいは機能していない）という点について親会社へ報告を行います。

　翌年以降は，確認された問題点でその年中に解決できなかった項目について，時期と責任者を定めて解決に向けて必要な対応が取られます。そしてその状況は，たとえば内部監査部門によりモニタリングされ，定期的に経営者へ報告されます。

　今日では，内部統制の有効性評価についての一連のプロセスおよび文書について，システム化されている事例が多く見られます。具体的には，自社の内部統制の有効性評価のテスト結果やテストの進捗度について，PCの「ダッシュ

ボード」上にその状況を表示し，経営者が適時にその状況を把握・確認することができるになっている企業もあります。また，そのようなプロセスをサポートするプログラムも多く供給されています。経営管理の一環として内部統制評価を行うという観点からは，数か月に一度，担当者から進捗状況の報告を受けるというだけでは不十分といえます。当該プログラムを理由するなどして，積極的に状況を把握し，必要なアクションの実施へと結びつけるような工夫が必要です。

5 おわりに

SOX法404条による内部統制評価が開始されてすでに5年以上がたち，その運用についてはもはやルーティンの作業となった感もあります。しかし，これを単なる事務作業ととらえることなく，継続的な改善活動を通じて，内部統制プロセスをさらに有効化・効率化あるいは最適化するためのプロセスへと進化させていくことが必要です。そのためにも，自社の内部統制プロセスについてよく理解するとともに，COSOの定める内部統制概念およびシステムの利用などについて，知識を深めていくことが望まれます。

(注)
1) 当時，世界的な大規模会計事務所であった，プライスウォーターハウスクーパース，アーンスト・アンド・ヤング，KPMG，デロイト・トウシュ・トーマツ，アーサー・アンダーセンの5社を指す。アーサー・アンダーセンがエンロン事件により廃業したことにより，現在はビッグ・フォーとなっている。
2) PCAOBの役割は，公開会社を監査する会計事務所の監査業務の品質を監視することであり，公開会社の監査を行う会計事務所の登録，監査の品質管理等に関する基準の設定ならびに登録された会計事務所の検査などを行う。
3) 逆説的であるが，内部統制の評価の結果，重要な不備欠陥がないことを確認することで，有効性の判断を行う。
4) COSOとは，The Committee of Sponsoring Organizations of the Treadway

Commission の略称で，現在も米国において活動を続けている。巷には内部統制に関する書籍が数多出版されているが，COSOのホームページ（http://www.coso.org/）を参照して，最新の考え方について学習しておくことが望まれる。

5） インターネット上において友人・知人間の結びつきを促進・サポートするサービスのことをいう。フェイスブックやミクシィが代表的なSNSである。

6） 外資系企業では内部に独立した監査部門を有していることがある。内部監査部門は親会社（株主）の目となり耳となって，企業活動が有効にかつ適法的に実行されていることを評価する。小規模な外資系企業では，親会社の内部監査部門が定期的に海外の子会社を訪れて監査を実施することが多い。

7） 監査部門による内部統制評価とは別に，それぞれのプロセスを担当する部署によって自ら内部統制の有効性評価を行うことをいう。

第5章 外資系企業の予算管理

　一般的に，企業においては経営計画の策定にあたって事業計画を作成しますが，予算は事業計画実行のための具体的な活動計画を金銭的に表して取りまとめたものです。予算策定の具体的な方法や管理手段は，本書では最低限に言及するにとどめたいと思います。それらに関しては数多に専門書・解説書が出版されているので，そちらを参照いただく方がより体系的に学習できると考えます。本書では，外資系企業の日本子会社において予算管理を行うに際して，理解しておくべきことを中心に説明していきます。

1　親会社の業績報告と関連した予算管理

(1)　親会社の損益ガイドラインの意義

　外資系企業の日本子会社における予算管理は，その子会社の業績管理に用いられるのみでなく，親会社の業績報告とも密接に関連しています。例えば，米国企業の場合，投資家への説明として毎年の特定の時期（例えば第4四半期）に翌年度の損益の見込み（連結決算ベース）を発表することがあります。この損益の見込みは当該企業の翌期の損益ガイドラインとなります。そしてこのガイドラインは「見込み」よりも強い意味を持ちます。企業のマネジメント層が株式市場および大口の株式保有者である機関投資家向けに表明するコミットメント[1]のようなものと理解していただければいいでしょう。投資家は発表された損益見込を検討・分析し，当該企業の株式を購入するか，あるいは保有し続けるか，売却するかの投資判断に使用します。

　企業においては当然に，翌期にその数値を達成すべく全社的に会社経営に取り組んでいくことになります。毎四半期の業績報告の際には，実績がこのガイドラインに沿ったものであるか，上振れまたは下振れした場合にはその主たる

要因は何か等々について，報告・説明がなされます。

　子会社である外資系企業の予算管理がどのように親会社の翌期の損益ガイドラインに結びついているかを説明する前に，一般的に翌期の損益ガイドラインがどのようなものであるかについて，具体例として，米国IBM社（以下IBMという）の実例を用いてどのような項目が投資家に対して提示されたかみてみることにしましょう。

　以下は，2012年1月19日（日本時間では1月20日）に発表された，IBMの2011年度第4四半期および2011年度通期の連結決算のプレスリリース[2]からの抜粋です。

2012年度通期予測

　IBMでは，2012年度通期におけるGAAPベースの潜在株式調整後の1株当たり利益を14.16ドル以上，また営業ベース（非GAAP）の潜在株式調整後の1株当たり利益を14.85ドル以上と予測しています。2012年の営業ベース（非GAAP）の利益は，購入済無形資産の償却，その他の買収関連費用，主に市場の業績に関連した年金資産および負債の変更に伴う退職関連費用として，1株当たり0.69ドルを除外しています。

英語の原文では以下のように公表されています。

Full-Year 2012 Expectation

　IBM said that it expects to deliver full-year 2012 GAAP earnings per share of at least $14.16; and operating (non-GAAP) earnings per share of at least $14.85. The 2012 operating (non-GAAP) earnings exclude $0.69 per share of charges for amortization of purchased intangible assets, other acquisition-related charges, and retirement-related items

> driven by changes to plan assets and liabilities primarily related to market performance.

　上記のIBMの2012年度通期予測を理解するために重要なポイントをいくつか見ていきましょう。

　IBMは2012年通期予測を説明する際に，「**営業ベース（非GAAP[3]）**」の1株当たり利益の数値を示しています。これはどのような意味があるのでしょうか。

　ヒントはそのすぐ後の文章にあります「……購入済無形資産の償却，その他の買収関連費用，主に市場の業績に関連した年金資産および負債の変更に伴う退職関連費用として，1株当たり0.69ドルを除外しています」。これらの項目は，米国会計基準に従い費用（または収益）として計上されますが，会社のマネジメントの判断として，事業の業績を語る上で損益に含めない方がよいと判断された項目です。そのためにここでは，「会計上の1株当たり純利益」という言葉にかえて「営業ベース（非GAAP）の1株当たり利益」という数値が使われています。

　どのような項目を損益から除外して「非GAAP」利益を示すかというのは，会社のマネジメントの判断です。前述したようにIBMでは，購入済無形資産の償却，その他の買収関連費用，主に市場の業績に関連した年金資産および負債の変更に伴う退職関連費用を除外して営業ベース（非GAAP）の1株当たり利益を算出して，翌期のガイドラインとして公表しています。

　これは筆者の推測になりますが，IBMのマネジメントは，購入済無形固定資産の償却は会計ルールに従ってなされるために，直接の事業運営の巧拙とは無関係であるとして，それらの償却費を業績の説明から外したと考えられます。同様に，IBMは内部成長と同様に買収によっても業績拡大を図っているため，一時的に発生する買収関連費用を業績の説明に含めないものと考えられます。時として買収費用は数千万ドルに及ぶことがあり，IBMのような大会社であったとしても買収費用が損益に与える影響は小さくない場合もありえます。また，直接の事業の巧拙とは密接に関連していない主に市場の業績に関連して変動す

る退職関連費用を業績の説明から省いています。

　このようにIBMは，会計上の利益とは少し離れ，自社の経営手腕の成果が直接現れる利益を自ら定義し，これを指標の一つとして投資家にコミットしているわけです。

　再びIBMの例に戻りますが，同社は2012年4月17日に発表した2012年度第一四半期および7月18日に発表した2012年度第2四半期の決算プレスリリースにおいて，2012年度の通期予測のアップデートを行っています。第1四半期プレスリリースでは，「14.16ドル以上」を「14.27ドル以上」へ，第2四半期プレスリリースではさらに「14.27ドル以上」を「14.40ドル以上」へと引き上げています。

　このように定期的に見通しのアップデートを行うことで，同社はコミットメントに対して現在どのように進捗しているのかを投資家に示し，決算発表時に大きな「サプライズ」がないよう情報提供に努めている姿を見ることができます。

　以上，米国企業がどのように翌期の見込みを外部に向けて発信しているかについての概略をIBMの例を用いて説明しました。同様の見込みの発信は他の米国企業についても一般的にみられます。興味がある方，あるいは実際に米国企業の日本子会社に勤務していらっしゃる方は是非，米国本社のホームページを参照してみてください。

（2）　外資系企業の予算策定プロセス

　さて本題にもどり，外資系企業の予算ないし予算管理が親会社の翌期の損益ガイドラインとどのように関連付けられているかについて説明します。

　冒頭，事業計画の具体的な活動計画が予算であるという旨を述べましたが，外資系企業においては事業計画の大枠については親会社において作成されることが通常です。すでにおわかりのことと思いますが，その事業計画のエッセンスが翌期のガイドラインというわけです。

第5章　外資系企業の予算管理

　したがって，子会社である外資系企業においても，予算のターゲットおよび策定スケジュールについては，親会社からのインストラクションに従う必要があります。IBMのケースでみたように，外部に対していくつものガイドラインが提示されるわけではありません。通常は，1株当たり利益（非GAAPベース）が示されるケースが多くみられます。したがって，子会社の予算のターゲットとしては，この1株当たり利益にどれくらい貢献できるかということになります。

　発行済み株式の管理は親会社の専管事項なので，子会社に期待されるのは全体の利益のうちどの程度を計上できるのかということです。具体的なターゲットは，過去の実績および想定される期待伸び率によって親会社によって決められることが多く，子会社はその実現に向けて行動計画である予算を策定し，期待される翌期の利益の計上に向けて事業に取り組むことになります。したがって，予算とは利益予算です。一般的に予算というと活動のための経費を想像する方が多いかもしれませんが，あくまで活動経費は最終的に利益を達成するために与えられているということを忘れてはいけません。

　次に，具体的なスケジュールですが，一例として12月決算の会社の場合は，親会社での翌期のターゲットの発表のタイミングを考慮し，第2四半期中に最初の予算の提出が求められ，それを第3四半期にアップデートし，最終的に第4四半期中に最終版として提出，といったスケジュールになります（**図表5-1**）。

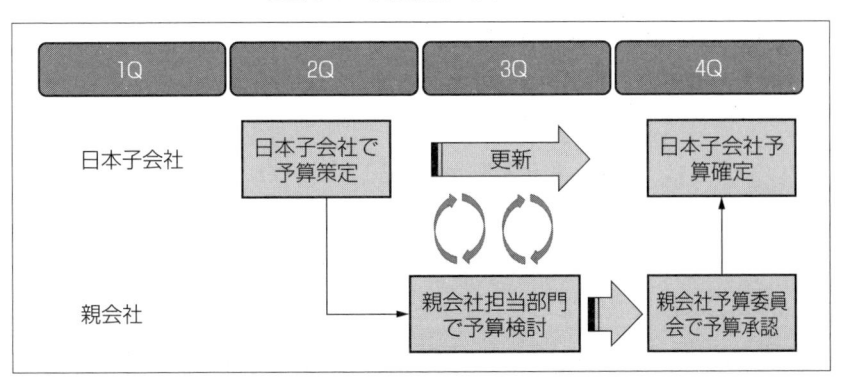

図表5-1　予算策定スケジュール

	1Q	2Q	3Q	4Q
日本子会社		日本子会社で予算策定	更新	日本子会社予算確定
親会社			親会社担当部門で予算検討	親会社予算委員会で予算承認

ただし，具体的なスケジュールは会社ごとによって異なりますし，どの時点で親会社が翌期のガイドラインをプレスリリースで外部に明らかにするかというタイミングにも左右されます（損益ガイドラインを公表しない会社もあります）。そのため，一概にこのとおりに行われるわけではないことに留意ください。ここで申し上げたいことは，予算の提出は一度では終わらない，ということです。子会社での策定開始（キックオフ）から本社での最終承認まで半年近く続くプロセスですので，資料提出など他の部署との関連を考慮し，余裕を持ったスケジュール作成が必要です。

　また，金融機関のように，子会社である日本法人と親会社の会計期間が異なっている場合があります。日本では，関連する法令によって金融機関の決算は会計期間が4月から翌年3月と定められています。一方，米国や欧州の多くの金融機関は1月から12月の会計期間を採用しています。この場合は，日本の子会社は親会社用には親会社の会計期間に合わせた予算を策定し，これとは別に4月から3月を年度とする予算を策定することになります。一般的には，親会社用の予算を内部のマネジメント用として使用し，日本の会計期間に合わせた予算は，対外顧客用および監督官庁用に取り扱うことが多いようです。この場合は予算の策定・管理は二重の手間が必要で，その分，他の外資系企業以上に，外資系の金融機関の経理・財務部門には多く負荷がかかっているということになります。

（3）　外資系企業の予算管理プロセス：フォーキャスト

　次に，承認された予算がどのように管理されていくかについて見ていきましょう。予算は承認された次の日からその進捗状況をモニタリングされます。そのプロセスは「フォーキャスト（Forecast）」と呼ばれます。

　フォーキャストのサイクルは会社によって異なりますが，一般的に実績の進捗に合わせて，残りの期間の予算を更新する方法がとられます。例えば，年度の1か月目が終了したところで，実績を集計し，残りの11か月について売上予算，販売及び一般管理費（販管費）予算といった利益を構成するうえで重要な

第5章　外資系企業の予算管理

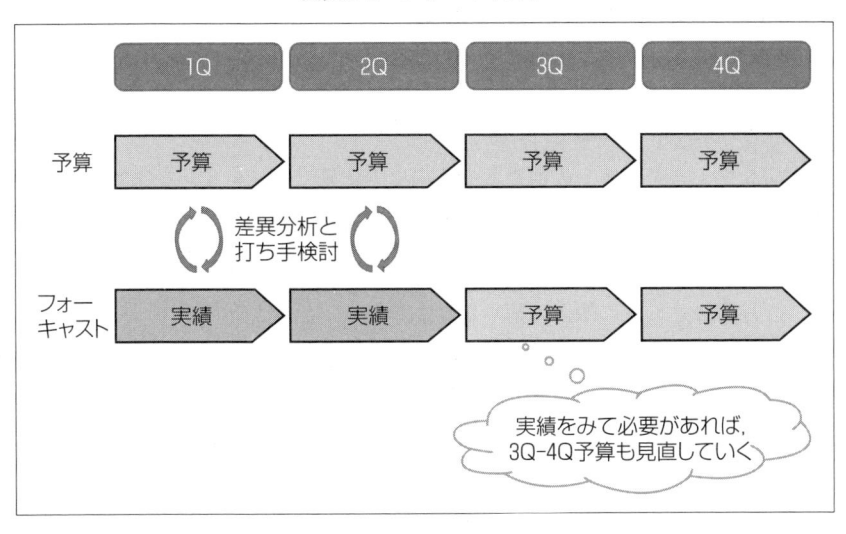

図表5-2　フォーキャスト

	1Q	2Q	3Q	4Q
予算	予算	予算	予算	予算
フォーキャスト	実績	実績	予算	予算

差異分析と打ち手検討

実績をみて必要があれば，3Q-4Q予算も見直していく

項目について，最新の情報を基に予算を更新します。このようにしてとりまとめた数値を定期的に親会社へ報告します。会計年度が終了するまで，このプロセスを毎月繰り返します（**図表5-2**）。

　もし，フォーキャスト上，予算では見込んでいなかった収益・費用が発生する場合あるいは逆に予定していた収益・費用が発生しないことが見込まれる場合，それはすみやかに親会社へ報告される必要があります。先に述べたとおり，利益は投資家等に対するコミットメントですから，それらが重要である場合は，外部への報告の仕方一つで株価へ大きな影響を与えることになりかねません。したがって，ガイドラインと大きく異なるような利益見込みになることが予想される場合には，親会社はそれをどのように外部へ報告するかについて，十分に検討をする必要があるわけです。同様に，四半期の最終月における当該四半期の見込み（たとえば1月～3月の四半期における3月次に行う当該四半期の利益見込み）は他の月よりも相対的に重要といえます。子会社においては，いかに正確な利益見込みをタイムリーに親会社へ提出できるかが，親会社から見てとりわけ重要なプロセスになっています。

75

2　フォーキャストと月次決算

（1）　月次決算の意義

　適切なフォーキャストの前提となるのは，正確でタイムリーな実績データの入手です。そのためには正確で迅速な**月次決算**が必要となってきます。すなわち，毎月の決算が四半期末および年次決算と同じ程度のレベルで行われており，かつ，月末後速やかに帳簿の締めがなされている必要があります。

　親会社が求めているのは予算でコミットした利益に対する進捗度なので，実績が把握できたところで当該月の予算と比較し差異の分析を行うことが必要になります。そこで得られた情報は翌月以後のフォーキャストを行うために有益な情報となります。

　月次に予実管理を行うために，当然ですが予算は月次で策定することが必要です。さらに予算も会計上の発生主義ベースである必要があります。例えば，減価償却費や年金費用といった現金の支出を伴わない費用項目についても，発生額を見積もり，それらを予算計上しておくことが必要です。このようにすることで，月次の実績との比較が可能になり，親会社および日本法人のマネジメントに必要な情報を提供することが可能となります。

（2）　月次決算の早期化

　月次決算の早期化もフォーキャストを適時に行うために必要となります。どの程度早く月次決算を行えるかは，会社の規模や使用している会計システムや補助システムの機能，経理・財務部門のスタッフの能力などに依存します。業界の特性や会社によってそのサイクルは異なりますが，望ましいと考えられるサイクルは，月末後1週間以内に発生主義ベースの月次会計実績データの取りまとめ，および予実分析ならびにフォーキャストの更新が完了しているというものです。これが実践できれば，会社のマネジメントは月末後2週間目には前月の実績が把握でき，予算との乖離が大きいようであればその原因を分析する

と同時に対策についても必要な手を適時に打つことができます。

これはまさに「言うは易し，行うは難し」を地で行く話です。単品を特定の少数顧客に大量販売している場合ならいざ知らず，通常は複数の製品・商品を複数の販売チャネルを通じて販売しているケースがほとんどでしょう。販売先も個人，法人，政府公共機関など複数以上ある場合も少なくありません。したがって，マンパワーだけで月次決算の早期化を行うには限界があります。

会計データは，販売・購入・資産管理・債権管理・買掛管理などの企業のさまざまなファンクションをサポートするシステムから総勘定元帳システムに流れ込みます。しかもそれは膨大なデータです。最終的に，会計データは組み合わされ必要な修正仕訳を加えられたのちに，貸借対照表，損益計算書といった財務諸表になります。

この一連の作業をスムーズに，かつタイムリーに行うことを可能にするのが，第2章で述べましたオラクル，SAPに代表される統合されたERPパッケージの会計モジュールになります。このERPを使うことで，プロセスを自動化し，月次決算を早期化することが可能となります。膨大なデータをそれぞれが独立したシステムで管理し，かつ決算手続きの多くが手作業である場合は，月次決算についても相当程度の期間と人的リソースが必要とされるでしょう。会社経営においてもスピードが要求される今日においては，タイムリーな月次決算を可能にするERPへの投資はもはや必要不可欠なものと理解すべきです。ERP会計モジュールについての詳細な説明は第2章 (p.23) を参照下さい。

3 指標による管理

(1) 指標による管理の意義

フォーキャストの対象となるものは，第一に利益ですが，利益の計算はどのように決算を短縮化できたとしても一定期間が必要であり，前月の結果が判明するのが翌月になるという問題があります。また，複数事業を展開する企業においては，なお一層のこと，利益の集計と分析に時間がかかります。そこで，

利益に加えて事業の活動状況をモニタリングするために業績を評価する指標（「Key Matrix」，「Key Performance Indicator（KPI）」あるいは「Key Driver」）を設定して，その指標について年間の計画を策定します。そしてその計画に対する進捗状況をモニタリングすることで事業の進捗をモニタリングします。それらの指標は，帳簿を締めて利益を計算するよりも早く確認できるものなので，それらをモニタリングすることで，利益の状況について前もって予測をつけることができるようになります。また，利益と異なり，月次決算をまたずに集計が可能なものが多いので，週次あるいは日次レベルにおいても集計分析が可能です。このように指標を分析することで，発生しているあるいは発生するかもしれない問題に早めに対応することが可能となります。

ではどのような指標を経営指標として取り上げるべきでしょうか。もちろん業種業態によって異なりますし，業界で共通的に使用されているものと社内で固有に使用されているものがあるでしょう。

建設業などであれば受注高が売上の先行指標になるでしょうし，社内的には受注以前の受注見込の方が，先々の受注および売上を見込む上で，より重要な指標になるといえます。通信業界であれば，加入者数や解約率，1契約当たりの課金などが重要な指標といえるでしょう。一般的に，指標を決めるにあたっては，以下の要素（SMART）の検討が必要といわれています。

① Specific（明確性）
② Measurable（計量性）
③ Achievable（達成可能性）
④ Result-oriented or Relevant（結果指向または関連性）
⑤ Time-bound（期限）

重要なことは，どのような指標に注目すれば，事業の方向性が正しくみえてくるかということを定めることです。適切な指標を設定できれば，それは社内的に事業計画の進捗を測るだけでなく，同業他社に対して自社がどのような位置にあるかを見ることができる，経営上有用な指標になりえます。

業界でどのような指標が用いられているかについては，新聞報道あるいは会

社の決算報告資料から読み取ることができます。外資系企業といってもそのマーケットは日本であり，日本企業との競争になっています。日頃から業界新聞などに目を通し，どのような指標が業界にて使われているか理解しておくことが重要です。

（2） BIツール

　また会計データと同様に，これらの経営指標データについても全国の販売拠点などから日々大量のデータがたとえば販売データベースに集計されてきます。従来はこれらのデータについても，手作業に近い形で集計していたことが多かったのですが，手作業では集計に時間がかかり，また集計時の人的ミスの発生を完全に排除することはできません。今日では，**BI**（ビジネスインテリジェンス）**ツール**という，大量のデータを分析するツールの普及が始まっています。企業のIT化が加速することで，企業は大量のデータを社内に蓄積していますが，そのデータの活用が十分でなく，せいぜい従来からある定型の報告書の作成に使用するにとどまっているケースが多く見られます。従来であれば，各ユーザーは必要とするレポートの作成のためにIT部門に新しいレポートの作成をその都度依頼する必要がありました。しかし，従来のやり方では，見たいレポートが作成されるまでに数週間かかることも往々にしてあり，またIT側からレポート開発に必要な予算を要求され，予算が十分にないと開発を断られる事態も生じていました。また，従来の定型レポート方式では，分析する切り口が固定化されてしまい，柔軟性がないという問題もありました。

　BIツールを利用することで，IT部門にレポート開発をリクエストしなくても，ユーザーサイドが，自らが必要な視点でデータをタイムリーに検索・分析し，それによって業務上の判断を適時にこなすことができるようになります。BIツールについての技術的な側面は本書のカバーするところではありませんので専門書等に譲りますが，データ分析で日ごろご苦労をされている経理・財務部門のご担当の方がいらっしゃいましたら，是非とも導入を検討すべきツールです。

4　販管費（販売費及び一般管理費）予算策定のポイント

次に販管費予算の策定について実務上押さえるべき点を説明しましょう。

先に述べたように，予算の要は利益です。年間どれくらいの利益を稼ぎ出し，親会社の利益目標にどれくらい貢献できるかが子会社に与えられた使命といっても過言ではありません。したがって，販管費予算についても利益達成の観点から厳しく検討されます。

（1）　変動費予算と固定費予算

販管費は大きく**変動費**と**固定費**に分けて捉えることができます。ここでは，売上に応じて変動する費用を変動費，そうでない費用を固定費とします。変動費については，単価を適正なレベルにすることが重要です。一般に変動費は単価×数量で計算できますが，数量が売上の関数であるとすると，変動費は単価によって決まります。これはすなわち売上のマージン比率（粗利率）を管理することに他なりません。

変動費の管理と同様，固定費の管理は事業運営を行う上で非常に重要です。なぜなら，固定費は売上の多寡とは関係なく発生する性質の費用なので，固定費が野放図に増加してしまうと，企業は利益を上げにくい体質になってしまいます。本書の読者である皆さんは損益分岐点という言葉を見たことがある方が多いと思います。いうまでもありませんが，変動費と固定費の合計と売上高が一致する点でこの点において損益はプラスマイナスゼロとなっています。固定費が大きな企業は損益分岐点が高く，売上の低下が即，利益のマイナスに結びついてしまうこともあります。

しかし，固定費の多くは人件費とITインフラや土地・建物などの設備費なので，ある程度の固定費がないと企業は相応の売上を達成できません。予算策定の際には，固定費を合理的なレベルに抑え，かつ将来に向けて必要な投資ができるように，固定費予算を組み立てる必要があります。

とりわけ人件費に関しては，人員数（ヘッドカウント）も予算管理部門でしっ

第5章　外資系企業の予算管理

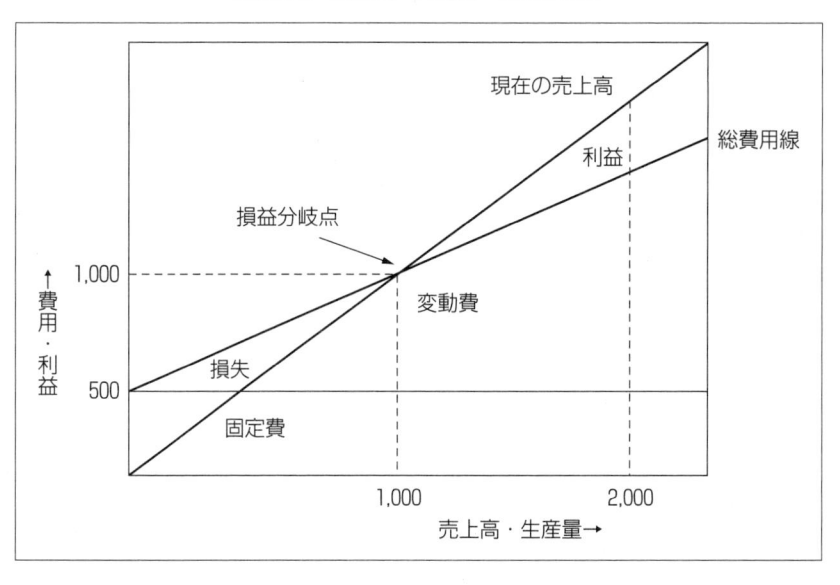

図表5-3　変動費・固定費・損益分岐点

[グラフ: 縦軸「費用・利益」、横軸「売上高・生産量→」。現在の売上高、総費用線、利益、損益分岐点、変動費、損失、固定費を示す。1,000、500、2,000 の目盛り]

かり管理しておかねばならない指標の一つです。人員数の管理は一見，人事部門の業務に思えますが，大きな固定費を占める人件費の動きはフォーキャストにおいて重要です。したがって，人事部門と協力して，正社員のみならず，外部コントラクター，派遣スタッフ等の情報が総合的に管理できるデータベースを準備しておくのが望ましいでしょう。どの社員・コントラクターがいつ入社または退社するのか把握できれば，速やかにフォーキャストに反映することができるからです。

（2）　費目別予算・機能別予算

予算は，費目別および企業の機能別にマトリックスで策定することが必要です。費目別というのは，損益計算書の一般管理費の区分に沿った形で費用を集計したもので，機能別というのは，企画，販売，IT，業務，経理といった企業の主だった機能ごとに費用を集計したものです。後者は企業の組織形態に一致したものとなります。予算の策定単位は，まずは機能別組織であり，機能別

81

予算のなかで費目別に予算が策定されます。ここで費目別に予算を策定する際には，組織の事業計画と密接に関連付けされていることが必要です。

例えば，販売部門で今年，ある商品について1億円の販売キャンペーンを行う計画を立てるとします。これをもって予算の計画書上，「販売促進　1億円」とするだけでは不十分です。販売キャンペーンが，販売代理店への追加販売費用の支出，グッズの作成，外部コンサルティング費用，社員の出張費を含む場合には，それぞれ適切な損益計算書科目に計上されるように，1億円を適切に割り当てる必要があります。

このように予算策定の段階から，損益計算書にどのように当該予算支出が計上されるかを考えながら，予算を適切に策定することが必要です。同時に，後日，当該キャンペーンに実際に支出した費用がいくらであったかを集計し，予算との比較を行うために，関連費用の支出の際には，識別可能なコードを会計データに付しておく工夫が必要です。このようにすることで，費目別にも機能別あるいは特定の施策別にも予実分析を行うことができます。

（3）　BAU予算・Initiative予算

固定費の予算策定の際に，念頭に置くべきなのは「**BAU**」と「**Initiative**」をどのようにわけるかということです。「BAU」は「Business as usual」の頭文字をとったことばで，「従来どおりでは」的な意味です。「Initiative」はそのまま，何かの施策を行うことを意味します。固定費は容易に調整可能ではありません。人件費を考えていただければわかりますが，人件費の削減は，しばしば新聞にも取り上げられるように，ニュース性のある出来事です。したがって，固定費予算についてはこれまでどおりの陣容とオフィスのスペース，ITのインフラ等により事業を従来通りに運営するために必要なコストである「BAU」予算と，従来以上に事業を発展させていくための「Initiative」予算にわけて考える必要があります。

「BAU」については，事業の規模を縮小させずに維持するために，コストの削減余地がないかを検討することが必要になります。例えば，オフィスを統合

するなどして全体としての賃料を引き下げたり，大量の手作業が必要な部門全体を人件費の安価な地域へ移設することで当該部門の人件費を引き下げることなどが，それにあたります。第1章でも述べたとおり，外資系企業によっては，そのグローバルな展開を生かし，経費処理部門をすべて海外の一か所にまとめ（国外シェアードサービス化），日本には数名の担当者しか置かないケースもあります。これは国を越えてBAUを削減しようとする試みのひとつです。

「Initiative」については慎重に予算手当の可否を検討する必要があります。一時的に増加するコスト（One-time cost）であるのか，それとも増加は恒久的（Recurring cost）なのか，本当にコストを上回る効果が期待できるかなどを，**ビジネスケース**[4]をレビューして検討していきます。

5　予算管理組織

次に，予算管理を担当する組織についてまとめておきます。組織上，どの部門が予算管理を行うかについては会社ごとで違っていることでしょう。企画あるいは総合企画部門と名のつく部門が担当するケースもあるようですが，外資系企業では日本企業にあるような企画部門に相当する部門がないこともあります。そのような理由から，予算策定および管理は経理・財務部門の担当とされていることが多いようです。経理・財務部門でも，特定の部署をおいてその専任としている場合もあれば，担当者のみをおいて専任あるいは兼務で予算管理を担当する場合があるなど，会社によってこれも千差万別です。相当程度の規模の会社であれば，専任部署[5]を設置し相応のレベルの人材を責任者として担当させることが望ましいでしょう。同時に，この部署に配属される人材としては，分析能力に長けていること，業界を含め自社の事業に明るいこと，目標達成に向けた強い行動力・交渉力および本社とコミュニケーションが十分にできる語学力を備えていることなどが求められます。実際に中途採用の募集要項をみていますと，豊富な業務経験に加え，最近は海外のビジネススクールでのMBA取得者が求められているようです。新人が急に配属されてもできる仕事

はコピーとりくらいになってしまいかねませんので、スタッフの配属には十分な配慮が必要です。

　この部署には会社が必要とするデータが集まっています。このデータの収集・分析を通じて会社の業務に精通することを通じて、会社の他の部門や経理・財務部門の内部の違うファンクションへの異動といったことも十分に考えられます。

6　おわりに

　予算管理の業務は、自社の事業内容を数値面から深く関与でき、さらには親会社のマネジメント層とも交流が深くなることから、非常にやりがいのある仕事といえます。経理・財務部門の業務は、従来は過去の実績がどのようであったか、その要因は何か、といった過去の分析が中心でした。しかし最近においては、将来どのようになるか、といった「Forward-looking」的な側面に大きくその重要度が移っています。前述したように、経験と能力が相応にないと十分に勤まらない業務ではありますが、機会があれば是非とも一度は経験しておきたい業務です。CFOや財務担当ディレクターといった経理・財務部門の上級管理職を目指す方にとっては、今や必須の業務といって差し支えありません。

(注)
1) コミットメントとは、企業トップが、株主、顧客や従業員、あるいは広く社会に対して表明する自社が果たすべき役割を意味する。コミットメントには、果たすべき約束という意味に加えて、その約束に対して責任を負う者の強い決意や覚悟の意志が含まれており、「必達目標」に近いニュアンスがある。
2) プレスリリースとは、企業や政府公共機関などが報道機関に対して提供する文書・声明・資料などをいう。例えば第2四半期業績報告の場合は、「2Qプレスリリース」といったり、省略して「2Qプレス」と呼ぶ場合もある。
3) 非GAAP利益とは、プロフォーマ情報とも呼ばれ、一定の取引ないし活動が仮に行われていたならば（あるいは行われていなかったならば）、財務業績にどのような

影響があったかを企業が独自の算定基準に基づいて示した，一種の仮定上の財務情報である。一般に認められた会計原則（GAAP）の利益ではなく，あくまでも企業経営者が自発的に開示する非監査対象たる利益であることから，非GAAP（Non-GAAP）利益とも呼ばれる。

4）　Initiative予算に関し，正式な機関承認のために，個別案件ごとにプロジェクト内容，プロジェクトスケジュール，収支予測，投資効果，資金調達方法等を記載した計画書を作成するが，これをビジネスケースという。

5）　この専任部署は，FP&A（Financial Planning&Analysis）あるいはP&A（Plan&Analysis）と呼ばれることが多い。

第6章 外資系企業の税務

　外資系企業の場合，会社によっても異なりますが，よほどの大企業でない限り税務を一つの独立した部署として扱うケースが少なく，概ね通常の経理・財務業務の一環として行われているところが多いのではないでしょうか。その場合，本国の税務顧問である国際的なネットワークのある税理士法人などに税務申告を依頼されているケースが多いかと思います。

　そのような場合，どうしても税務は税理士法人の領域と考えられがちですが，実はそうではありません。一つ一つの取引を帳簿に記帳するにも税務の知識が求められるのはご存じのとおりかと思います。飲食費の処理一つとってみても，法人税法上の交際費に該当するかどうか，消費税法上の課税仕入れに該当するかどうか，所得税法上の給与所得扱いになるかどうか等，実に多くの税務論点について検討しなければなりません。

　したがって，外資系企業で経理・財務業務に従事されている皆さんにあっても当然，日本の税法に精通していただく必要があります。

　先の経費処理のようなケースは一般の書籍で扱っておりますので，ここでは特に外資系企業に特有な論点について，原則の税法的な観点から見た実務上の留意点をご説明します。

　本章では一般的には「**国際税務**」と呼ばれる分野，特に**インバウンド(Inbound)**[1]**税制**（海外から日本への進出）の解説が中心となります。具体的には，次のようなビジネスの各段階で検討すべき代表的な税務課題を取り上げて解説します（**図表6-1**）。

1. 日本進出（支店，法人等どの形態で進出するか等）……　**内国法人・外国法人・恒久的施設**
2. ビジネス展開（日本で稼いだいかなる所得に課税がされるか　等）……　**国内源泉所得**

3. 給与支払等（本店または親会社から来日した社員に支払う給与等は日本で源泉徴収が必要か　等）……**居住者・非居住者，短期滞在者免税等**
4. 親子間取引（親子間取引で特殊な取扱いをすると問題があるか　等）……**移転価格税制・寄附金等**
5. 投下資金回収（配当・利息で課税関係は異なるか　等）……**過少資本税制・過大支払利子税制**

なお，実務にあたって確認する必要がある根拠規定などを掲載しておりますので，実際に法規集などで確認してみてください。

まず本題に入る前に念頭においていただきたいのは，国際税務というのは一つの法律体系があるのではないということです。あくまでも国内の税法（法人税法，所得税法，租税特別措置法等）をベースに，**租税条約**等国際的な取り決め

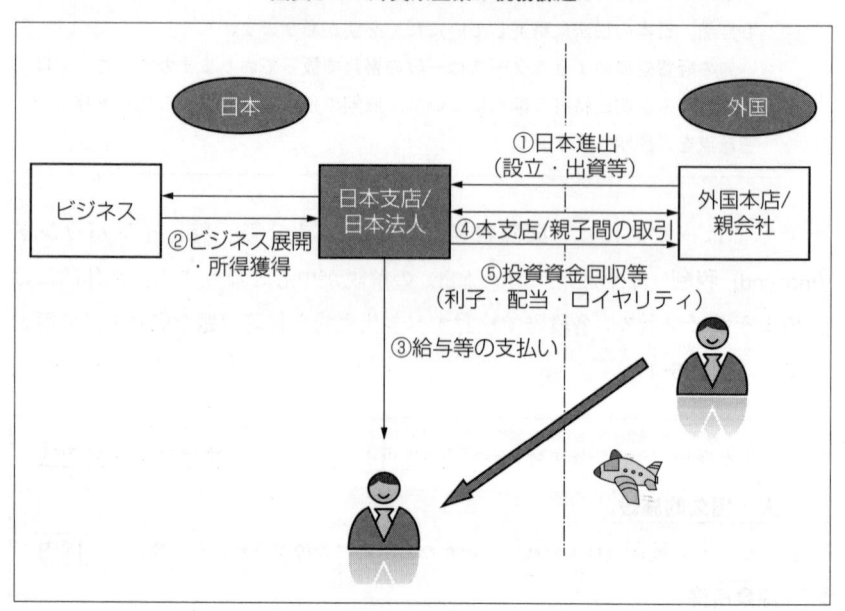

図表6-1　外資系企業の税務課題

を総合的に勘案しなければならないということです。ただその検討方法には一定のルール（以下「**国際税務検討ルール**」と呼ぶ）があります。

　実務上は，租税条約の内容は複雑であり，かつ，内容も随時更改されていますので，国際的なネットワークのある税理士法人等プロフェッショナルファームに確認する必要があろうかと思いますが，経理部員としてこの検討ルールを知っておくと，専門家との話も非常にスムーズになり，非常に有益です。

　国際税務検討ルールとは概ね次の3つのステップで検討することです。

- Step1：まずその取引につき国内税法（法人税法・所得税法等）に当てはめて検討します。
- Step2：次に租税条約が国内税法より優先適用される（憲法98②）ため，その取引の課税関係につき租税条約に当てはめ，日本国内の税法が租税条約に基づきどのように修正されるか検討します。
- Step3：最後に上記ステップから最終的な日本の課税関係を決定します[2]。

　なぜこのような面倒な検討が必要なのかと言うと，簡単に言いますと，国際間の所得の課税方法として，**居住地主義**という考え方と**源泉地主義**という考え方が現実には混在して**二重課税問題**が生じているからです。

　居住地主義とは，言わば「居住する」ことに着目して納税負担を求める考え方で，居住地国がその居住者が稼いだ世界中の所得に対して課税するべきという考え方です。一方で，源泉地主義は「所得を発生させている」ことに着目して納税負担を求める考え方で，源泉地国がその国での源泉所得に課税するべきという考え方です。このいずれかの考え方を統一しきれば二重課税の問題は回避できるかもしれませんが，居住地主義のみを徹底すれば，被投資国（源泉地国）たる開発途上国は税収が取れなくなりますし，源泉地主義のみを徹底すれば，逆に投資所得の税金は開発途上国が独占してしまうことになる等不都合が生じます。そこで現実的には両者が混在し二重課税が発生する一方で，租税条約等の措置でその解決を図っているわけです。

column 租税条約とは

　租税条約とは，国際的な二重課税の回避や脱税の防止等を目的として，二国[3]間において国際課税のルールを締結する条約のことをいいます。

　租税条約は正式には，「所得に対する租税に関する二重課税の回避及び脱税の防止のためのＡ国とＢ国との間の条約」または「所得に対する租税に関する二重課税の回避のためのＡ国とＢ国との間の条約」など，二国間において締結される条約です。したがって，取り決めの内容は条約により異なってきますが，OECDモデル条約・国連モデル条約といった租税条約の指針があるため，各租税条約に標準ルールが存在しています。

●OECDモデル条約

　OECDモデル条約とは，経済協力開発機構（OECD）が加盟国各国に対して採用を勧告している租税条約のモデル（雛型）のことです。

●国連モデル条約

　国連モデル条約とは，国連が採択した租税条約のモデルで，先進国と開発途上国間のモデル条約です。OECDに比べ開発途上国の意見が反映されていることから，源泉地国の課税権を配慮した内容になっています。

●アメリカ財務省モデル条約

　OECDモデル条約をベースにしてアメリカが自国の主張を織り込んだモデル条約。租税条約の濫用防止を目的とした特典制限（LOB: Limitation of Benefit）条項等の特徴的な規定があります。

　特典制限条項とは，租税条約上の軽減税率や免税等の特典を受けられる者の資格を制限しようとする条項を言います。日米租税条約では，①個人，上場企業等の一定の公開会社であること等の適格者基準を満たす場合（適格者基準），②営業，事業等の活動に能動的に従事していること（能動的事業活動基準）といった要件を満たすか，または③税務当局に条約適用の認定を受けた場合にのみ条約を適用することができ，それ以外の場合には，条約は適用されないポリシーにしています。

　日本は2004年の新日米租税条約発効後，国際的な経済活動・投資交流の促進を重視するようになり，特典制限条項の導入を前提として源泉税を減免

するポリシーになってきています。

2012年4月現在，日本は64カ国の国・地域と53の租税条約を締結しています（図表6-2）。

図表6-2　日本の租税条約ネットワーク

(53条約, 64カ国・地域適用／平成24年4月末現在)
(注1) 旧ソ連等との条約が継承されているため，53条約に対し，64カ国・地域適用となっている。
(注2)「※」は，租税に関する情報交換規定を主体とするもの。

○　租税条約の主な目的…二重課税の調整，脱税および租税回避への対応，投資・経済交流の促進

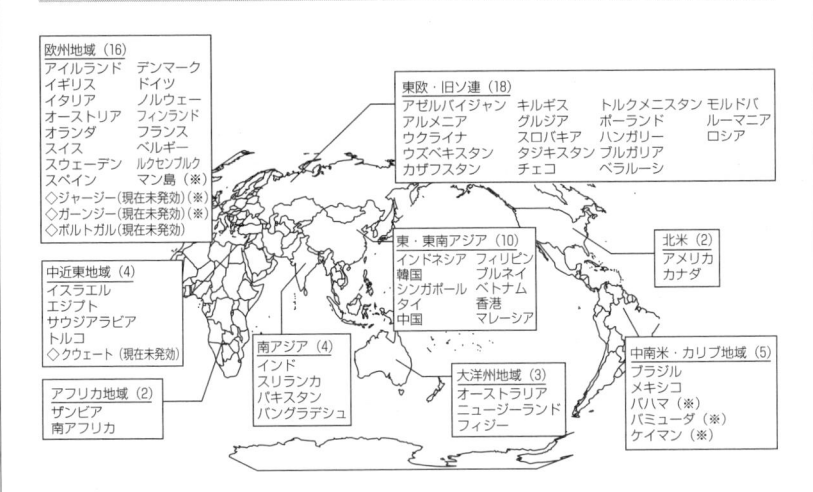

欧州地域 (16)
アイルランド　デンマーク
イギリス　　　ドイツ
イタリア　　　ノルウェー
オーストリア　フィンランド
オランダ　　　フランス
スイス　　　　ベルギー
スウェーデン　ルクセンブルク
スペイン　　　マン島（※）
◇ジャージー（現在未発効）（※）
◇ガーンジー（現在未発効）（※）
◇ポルトガル（現在未発効）

中近東地域 (4)
イスラエル
エジプト
サウジアラビア
トルコ
◇クウェート（現在未発効）

アフリカ地域 (2)
ザンビア
南アフリカ

東欧・旧ソ連 (18)
アゼルバイジャン　キルギス　　　トルクメニスタン　モルドバ
アルメニア　　　　グルジア　　　ポーランド　　　　ルーマニア
ウクライナ　　　　スロバキア　　ハンガリー　　　　ロシア
ウズベキスタン　　タジキスタン　ブルガリア
カザフスタン　　　チェコ　　　　ベラルーシ

東・東南アジア (10)
インドネシア　フィリピン
韓国　　　　　ブルネイ
シンガポール　ベトナム
タイ　　　　　香港
中国　　　　　マレーシア

南アジア (4)
インド
スリランカ
パキスタン
バングラデシュ

大洋州地域 (3)
オーストラリア
ニュージーランド
フィジー

北米 (2)
アメリカ
カナダ

中南米・カリブ地域 (5)
ブラジル
メキシコ
バハマ（※）
バミューダ（※）
ケイマン（※）

(出典) 財務省ホームページより

リーマンショック後の動きとしては，タックス・ヘイブンから租税情報を提供させようという国際的な動きが強まり，政府はバミューダ，ケイマン諸島等タックス・ヘイブンと租税情報交換協定の締結を進めています。

また，その他の国に対しても，既存の租税条約を改正して，情報交換規定を国際的な基準に則ったものに改める等，情報交換に関する枠組みの整備を図っています。

1 日本進出時の税務

　外資系企業が日本進出するにあたって支店形態がよいのか，法人形態がよいのか等複数の選択肢があります。これはビジネスの実態，本社の方針等に基づいて決定されるわけですが，それぞれの選択肢について，税務上の取扱いを理解しておく必要があります。

（1）　進 出 形 態（図表6-3）
①　駐在員事務所
　本格的に日本でのビジネス展開を行うか否かまだ決められない初期の段階にあっては，市場調査，情報収集，広告宣伝等日本で本格的な営業活動を行うための準備的・補助的活動を実施する拠点として**駐在員事務所**の設置が選択されます。ただし，駐在員事務所は，直接的営業活動を行うことはできません[4]。

②　支店（日本支店）
　外国企業が日本で営業活動を行う場合，支店か子会社を設立する必要があります。支店は，外国会社の権限ある機関によって決定された業務を日本において行う拠点であり，通常は単独で意思決定を行うことを予定されていません。法律上・会計上日本支店そのものには法人格はないため，親会社の法人格に取り込まれます。したがって，一般的に支店の活動から発生する債権債務の責任は，最終的にはその外国企業に直接帰属することになります。

③　子会社（日本法人）
　外国親会社が日本において子会社を設立する場合，日本の会社法で定められた株式会社，合同会社（LLC）等の法人形態[5]から選択することになります。法律上定められた所定の手続きを行った上で登記することにより，日本法人を設立することができます。子会社（日本法人）は外国親会社と別個の法人

第6章　外資系企業の税務

図表6-3　各進出形態の比較表

	(1) 駐在員事務所	(2) 支店	(3) 子会社（株式会社・合同会社）
収益を伴う営業活動	不可	可	可
登記	不要	必要	必要
資本金	なし	なし	1円以上
役員	なし	日本における代表者（少なくとも1名は日本の居住者でなければならない）	株式会社：取締役他（注1） 合同会社：法定の役員なし（注2） 原則として，社員全員が業務執行者となるが，代表社員を定めることも可能
従業員の雇用	可能	可能	可能
行政への報告	原則不要	要（外国為替及び外国貿易法等）	要（外国為替及び外国貿易法等）
会社名義の銀行口座開設・不動産賃借契約	不可（代表者が個人名義で行う）	会社名義で可能	会社名義で可能
会計処理	本店側で合算	本店側で合算	親会社とは独立して会計処理
日本での法人税課税	基本的には「恒久的施設（PE）」に該当せず，課税なし	外国法人として国内源泉所得に課税	内国法人として全世界所得課税
住民税均等割		資本金額・従業員数に応じた課税。資本金額は本店のものを使用。	資本金額・従業員数に応じた課税
本国での所得課税		支店の所得は，一般的には本国の所得と同様課税対象。ただし，外国税額控除等二重課税排除の措置をとっている国は多い。	米国税法では，日本の合同会社は，米国のLLC同様，チェック・ザ・ボックスによる選択によりパススルー課税の対象（注3）となる州もある。

(注1) 大会社（資本金5億円以上または負債総額200億円以上の株式会社）か中小会社，または公開会社か株式譲渡制限会社か等で異なる。
(注2) 代表者のうち少なくとも1名以上は，日本国内に住所があり，居住している者でなければならない。
(注3) パススルー課税を選択した場合，合同会社そのものには課税されず，その合同会社の出資者に課税される。

となるので，子会社（日本法人）の活動から発生する債権債務に対して，外国親会社は法律に定められた出資者としての責任を負うのみで，子会社自らが責任を持ちます。

（2） 国内税法上の課税関係

① 法人税（法法2三・四, 4, 9）

　支店形態であれ，子会社（日本法人）形態であれ，日本で営業活動を行うと，所得が発生します。その所得についてどのように課税されるのでしょうか。法人税法では，国内に本店または主たる事務所を有する法人を**内国法人**とし，上記以外の法人を**外国法人**と分類し，課税所得の範囲を下記のように定めています（**図表6-4**）。

図表6-4　法人納税者の区分と課税所得の範囲

	定義	課税所得の範囲
内国法人	日本国内に本店または主たる事務所を有する法人	全ての所得（全世界所得）に課税
外国法人	内国法人以外の法人	国内源泉所得のみ課税

　外資系企業日本子会社の場合は，税法上の**内国法人**となり，日系企業と同様，日本のみならず世界中で稼いだ所得が課税対象となります。ところが，外資系企業日本支店の場合は，税法上の**外国法人**となり，**国内源泉所得**のみ課税されるため，国外の源泉所得には課税がありません。したがって，実務上は，どのような所得が「国内源泉所得」に該当するのかを押さえておく必要があります。

② 所得税（所法2三～五, 5, 6, 7）

　また，外資系企業には，本国からマネジメント層を始め多くの人材が出向や出張等で日本にやってくることが多く，これらの個人の課税関係を所得税法で定めています。また日本で外国人を採用するケースもあります。次の3区分に応じて，課税関係が異なってきます（**図表6-5**）。

　非居住者や**非永住者**[6]に該当する場合は，外国法人同様，実務上は，どのような所得が「国内源泉所得」に該当するのかを押さえておく必要があります。

　さらに，法人も下記の場合には所得税の納税義務者となります。この場合，

図表6-5　個人納税者の区分と課税所得の範囲

		定義	課税所得の範囲
居住者		国内に住所を有し，または現在まで引き続いて1年以上居所を有する個人	全ての所得（全世界所得）に課税
	非永住者	日本国籍を有しておらず，過去10年以内に住所または居所を有していた期間の合計が5年以下の個人	国内源泉所得および国外源泉所得で国内において支払われまたは国外から送金されたものに課税
非居住者		居住者以外の個人	国内源泉所得のみ課税

これらの支払いをする者が**源泉徴収義務者**となります。

- 内国法人：国内において所法174条に定めるものの支払いを受けるとき。
- 外国法人：国内源泉所得のうち161条1号の2～7号，9号～12号の支払いを受けるとき

なお，具体的にどのような所得が課税されるのかに関しては，「2　ビジネス展開時の税務」の項で詳しくみていきます。

（3）　外国法人の所得金額の計算

外国法人の所得計算の場合，内国法人とは異なる点があるため，留意が必要です。主な相違点を挙げると次のとおりです。

①　課税標準（法法141，法令185～187）

国内源泉所得に係る所得の金額。ただし，国内に**恒久的施設（PE）**を有するか，PEを有した場合，どのような形態のPEを有するかで，次のとおり課税所得の範囲は変わってきます（**図表6-6**）。なお，所得の種類については，「2　ビジネス展開時の税務」で詳しく説明します。

②　納税地（法法17，法令16）

原則として下記のとおりとなります。

図表6-6　恒久的施設（PE）と課税所得の範囲

PEの種類	恒久的施設（PE）	非居住者の課税所得の範囲（所得税法）	外国法人の課税所得の範囲（法人税法）
1号PE	**支店等を有する非居住者・外国法人** …支店，出張所，事業所，事務所，工場，倉庫業者の倉庫，鉱山・採石場等天然資源を採取する場所。ただし，資産を購入したり，保管したりする用途のみに使われる場所，広告・宣伝・情報提供・市場調査・基礎的研究その他，事業の遂行上補助的な機能を有する活動を行うためにのみ使用する一定の場所は含まない。	全ての国内源泉所得	全ての国内源泉所得
2号PE	**建設作業所等を有する非居住者・外国法人** …建設，据付け，組立て等の建設作業等のための役務の提供で，1年を超えて行うもの。	①1号所得～3号所得 …国内源泉所得 ②4号所得～12号所得 …国内源泉所得のうちPEの国内事業に帰せられるもの	①1号所得～3号所得 …国内源泉所得 ②4号所得～11号所得 …国内源泉所得のうちPEの国内事業に帰せられるもの
3号PE	**代理人等を置く非居住者・外国法人** …非居住者・外国法人のためにその事業に関し契約を結ぶ権限のある者で，常にその権限を行使する者（**常習代理人**）や在庫商品を保有しその出入庫管理を代理で行う者（**在庫保有代理人**），あるいは注文を受けるための代理人（**注文取得代理人**）等（代理人等が，その事業に関わる業務を非居住者・外国法人に対して独立して行い，かつ，通常の方法により行う場合の代理人等を除く）。		
上記以外の非居住者・外国法人		①国内源泉所得のうち，国内にある資産の運用もしくは保有または国内にある不動産の譲渡により生ずるものその他政令で定めるもの ②2号所得・3号所得	①国内源泉所得のうち，国内にある資産の運用もしくは保有または国内にある不動産の譲渡により生ずるものその他政令で定めるもの ②2号所得・3号所得

（注）1号所得から12号所得の内容については，p.101参照

- 国内に支店等PEを有する法人……支店等の所在地
- 国内にPEを有さない法人……その外国法人が選択した場所または麹町税務署区域内の場所

③　事業年度（法法13②，14二十三〜二十五）

　定款等に定めがある場合はその事業年度となりますが，定めがない場合には納税地の所轄税務署長に届出が必要となります。

　外国法人が国内にPEを有することとなった場合または有しなくなった場合には，みなし事業年度の適用があります。

④　外国法人の所得計算の主な留意事項（法法142）

　外国法人の所得計算について，原則として内国法人の所得計算に準拠するように定められていますが，下記のような留意事項もあります。

(a) 所得（費用）には含まれない国内業務

●単純購入非課税（法令176②）

　　法人が国内において譲渡を受けた棚卸資産につき国内において製造等をしないで，これを国外において譲渡する場合の，その譲渡により生ずる所得および費用

●補助的機能を有する事業上の活動（法令176③一，188⑨）

　　その法人が国内または国外において行う事業のために，それぞれ国外または国内において行う広告，宣伝，情報の提供，市場調査，基礎的研究その他その事業の遂行にとって補助的な機能を有する行為。一般的な駐在員事務所の活動はこれに該当します。

●本支店間の内部取引の排除（内部利子，内部使用料の損金不算入）（法令176③二，188⑨）

　　その法人が国内または国外において行う事業に属する金銭，工業所有権その他の資産をそれぞれその法人が国内または国内において行う事業の用に供する行為。特に日本支店は海外の本店から借入をして資金調達をするケースが多いですが，本店への支払利息は所得計算上損金算入できませんので，注意が必要です。

(b) 損金算入が認められる費用・損失（法令188①一，法基通20-3-5，20-3-9）

　　所得との対比で，費用・損失についても国内業務に係るもののみ損金算

入できることに留意する必要があります。
- 販売費, 一般管理費, その他の費用

column 租税条約上の居住者

租税条約は, 両締約国の居住者に対して適用されることが概ねどの租税条約にも1条で定義されています。以下OECDモデル条約では次のとおりとなっています。

- 居住者の定義

租税条約上の居住者とは, 個人に限定されず（法人および法人以外の団体を含む）, 一方の国の法令の下において, 住所, 居所, 事業の管理の場所その他これらに類する基準により当該一方の国において課税を受けるべきものとされる者（地方政府または地方公共団体を含む）と定義されています（OECD 4①）。ただし, この用語には, 当該一方の国内に源泉のある所得または当該一方の国に存在する財産のみについて, 当該一方の国において課税される者は含みません。

- 双方居住者の振分け

居住者の定義は各締約国の国内法により定めがあることから, 租税条約の締約国の双方の規定により居住者となる場合（双方居住者）があり, 租税条約上次の振分け基準が定められています。このルールにより相手国の居住者とみなされる場合には, 日本国内に住所および居所を有しないものとみなして所得税法等の規定が適用されます（実施特例法6）。要するに, 一方の締約国の居住者に該当した場合は, 他方の国の居住者とはしないということで調整を図っているわけです。

① 個人の振分け基準

(a) 恒久的住居, (b) 重要な利害の中心, (c) 常用の住居の存在, (d) 国籍の順序で決められ, 最後に (e) 権限のある当局の相互協議によって解決されることとなっています（OECD4②）。

② 個人以外の者（法人等）

法人等の場合, 事業の実質的管理の場所[7]が存在する国の居住者とされています（OECD4③）。

外国法人の国内源泉所得に係る収入金額，経費，固定資産の価額等の合理的な基準を用いて，国内で行う業務に配分されるものに限定されます。なお，貸倒損失や為替差損等は，原則として国内にある事業所等に属する貸金等について生じたものに限られます。

● 損　　失

外国法人の国内において行う業務または国内にある資産につき生じた当該損失に限定されます。

(c) 本店配賦費用（法基通20-3-11）

本店等から国内業務に係るものとして配分を受ける費用については，申告書に明細書を添付し，税務署長等から求められたときは証拠書類等の提示により配賦費用の合理性を証明しなければ損金の額に算入されません。

2　ビジネス展開時の税務

外国法人の場合，日本でビジネスを展開しますと，どのような所得が「国内源泉所得」となり，日本で課税されるのかが重要となってきます。また外国親会社等に対して支払いを行う場合，源泉徴収の必要なものがありますので，どのような所得に源泉徴収が必要なのかという点も併せて押さえておく必要があります。税法上は込み入ったところではありますが，本章の山場でもありますので，ご理解下さい。

(1)　国内税法上の国内源泉所得

国際税務検討ルールでは，最初に国内税法上の扱いを検討するということでしたので，まず国内税法上，どういう取引の所得が「**国内源泉所得**」に該当するかをみていきましょう。

国内税法上，非居住者・外国法人の課税所得の範囲は，①**国内源泉所得の種類**と，②**PEの態様**のマトリックスにより定まります。

① 国内源泉所得の種類

　非居住者が納税義務を負う国内源泉所得の範囲は所得税法161条に，外国法人の場合は法人税法138条に定めがあります[8]。このような所得源泉地に関する規定をソース・ルールと呼んでいます。

　図表6-7は所得税法・法人税法に定めるソース・ルールであり，非居住者・外国法人が日本で課税されるのはこの国内源泉所得を日本で稼いだ場合のみということになります。つまり，これらに該当しない国内源泉所得は課税されないということです。

　実務上は，政省令（所令279～288，法令176～184等）や通達等に細かな定めがありますので，これらを参照して「国内源泉所得」に該当するかを検討していく必要があります。

② PEの態様

　国内税法上PEは3つの区分（1号PE・2号PE・3号PE）があり，それぞれの態様で課税関係が変わってくるのは前節でみたとおりです。

③ 非居住者のソース・ルール（所得税法）

　以上，①国内源泉所得の種類（縦軸）と②PEの態様（横軸）によって，非居住者の課税所得の範囲を表したものが図表6-8になります。

　網かけとなっている部分が所得税の課税範囲となります。この図表では，さらに総合課税か分離課税か課税方法についても整理がされています。【総合課税】や，【源泉徴収の上総合課税】とされている所得がある場合には，確定申告書の提出が必要となります。

　一方，【源泉分離課税】とされている所得がある場合には，確定申告書の提出は不要で，源泉所得税[9]の課税のみで完結します。源泉分離課税が多用されているのは，その多くが逃げ足の速い所得で納税の効率性，実効性に配慮した結果であると考えられます。

図表6-7 国内源泉所得の種類（所得税法161条，法人税法138条）

1	**1号所得（事業又は資産からの所得）** (1) 国内において行う事業から生ずる所得 (2) 国内にある資産の運用，保有若しくは譲渡により生ずる所得（2号から12号までに該当するものを除く） (3) その他その源泉が国内にある所得として一定のもの
2	**1号の2所得（組合契約事業利益の配分）** ※所得税法のみ 国内において一定の組合契約に基づいて行う事業から生じる利益で，当該組合契約に基づいて利益配分を受けるもののうち一定のもの
3	**1号の3所得（土地等の譲渡対価）** ※所得税法のみ 国内にある土地，土地の上に存する権利，建物，附属設備，構築物の譲渡による対価
4	**2号所得（人的役務の提供事業の対価）** 国内において行う人的役務の提供を主たる内容とする事業で，次に掲げる者の役務提供の対価 (1) 映画，演劇の俳優，音楽家，その他の芸能人，職業運動家 (2) 弁護士，公認会計士，建築士，その他の自由職業者 (3) 科学技術，経営管理，その他の分野に関する専門的知識又は特別な技能を有する者
5	**3号所得（不動産の賃貸料等）** 国内にある不動産，国内にある不動産の上に存する権利等の貸付けによる対価，居住者または内国法人に対する船舶，航空機の貸付けによる対価
6	**4号所得（利子等）** 利子所得のうち次に掲げるもの (1) 日本国の国債，地方債または内国法人の発行する債券の利子 (2) 外国法人の発行する債券の利子のうち国内において行う事業に帰せられるもの (3) 国内にある営業所等に預けられた預貯金の利子 (4) 国内にある営業所等に信託された合同運用信託，公社債投資信託又は公募公社債等運用投資信託の収益の分配
7	**5号所得（配当等）** 配当所得のうち次に掲げるもの (1) 内国法人から受ける剰余金の配当，利益の配当，剰余金の分配または基金利息 (2) 国内にある営業所に信託された投資信託（公社債投資信託及び公募公社債等運用投資信託を除く）の収益の分配，特定受益証券発行信託の収益の分配
8	**6号所得（貸付金の利子）** 国内において業務を行う者に対する貸付金で，その業務に係るものの利子
9	**7号所得（使用料等）** 国内において業務を行う者から受ける次の使用料または対価で，その業務に係るもの (1) 工業所有権等の使用料またはその譲渡による対価 (2) 著作権（出版権及び著作隣接権その他これに準ずるものを含む）の使用料またはその譲渡による対価 (3) 機械，装置その他一定の用具の使用料
10	**8号所得（給与等の人的役務提供の報酬等）** ※所得税法のみ (1) 俸給，給料，賃金，歳費，賞与またはこれらの性質を有する給与その他人的役務の提供に対する報酬のうち，国内において行う勤務その他の人的役務の提供に基因するもの (2) 公的年金等 (3) 退職手当等のうちその支払いを受ける者が居住者であった期間に行った勤務等に基因するもの
11	**9号所得（事業の広告宣伝のための賞金）** 国内において行う事業の広告宣伝のための賞金として，国内における行われる事業の広告宣伝のために賞として支払われる金品その他の経済的利益
12	**10号所得（生命保険契約に基づく年金等）** 国内にある営業所等を通じて締結した生命保険契約，損害保険契約等に基づいて受ける年金等（公的年金等を除く）
13	**11号所得（定期積金の給付補てん金等）** 国内にある営業所が受け入れたもので次に掲げるもの (1) 定期積金の給付補てん金 (2) 銀行法第2条第4項の契約に基づく給付補てん金 (3) 抵当証券の利息 (4) 金投資口座等の差益 (5) 外貨投資口座等の為替差益 (6) 一時払養老保険，一時払損害保険等の差益
14	**12号所得（匿名組合契約等に基づく利益の分配）** 国内において事業を行う者に対する出資のうち，匿名組合契約等に基づいて行う出資により受ける利益の分配

注・法人税法138条には，1号の2所得，1号の3所得，8号所得の定めはない。
・第2号から第12号までに掲げる所得は1号所得から源泉徴収の対象となる所得を抜き出したもので，1号所得は源泉徴収になじまない所得として区分されている。

図表6-8　非居住者に対する課税関係の概要（網かけ部分が所得税の課税範囲）

所得の種類 （所法161）	非居住者の区分 （所法164①） 国内に恒久的施設を有する者 支店その他事業を行う一定の場所を有する者 （1号PE） （所法164①一）	1年を超える建設作業等を行い又は一定の要件を備える代理人等を有する者（2号,3号PE） （所法164①二,三）	国内的恒久的施設を有しない者 （所法164①四）	源泉徴収 （所法212①,213①）
事業の所得　（所法161一）	【総合課税】 （所法164①一）	【総合課税】 （所法164①二,三）	【非課税】 【総合課税】 （所法164①四）	無 無 無
資産の所得　（〃　一）				
その他の国内源泉所得（〃　一）				
組合契約事業利益の配分（〃一の二）			【非課税】	20%
土地等の譲渡対価（〃一の三）	【源泉徴収の上総合課税】 （所法164①一）	【源泉徴収の上総合課税】 （所法164①二,三）	（所法164①四）	10%
人的役務の提供事業の対価（〃　二）				20%
不動産の賃貸料等（〃　三）				20%
利子等　（〃　四）	【源泉徴収の上総合課税】	国内事業に帰せられるもの	国内事業に帰せられないもの 【源泉分離課税】	15%
配当等　（〃　五）				20%
貸付金利子（〃　六）				20%
使用料等　（〃　七）				20%
給与その他人的役務の提供に対する報酬等，公的年金等，退職手当等（〃　八）				20%
事業の広告宣伝のための賞金（〃　九）				20%
生命保険契約に基づく年金等（〃　十）				20%
定期積金の給付補塡金等（〃　十一）				15%
匿名組合契約等に基づく利益の分配（〃　十二）	（所法164①一）	（所法164①二,三）	（所法164②一）	（所法164②二） 20%

（出典）平成24年度源泉徴収のあらまし（国税庁），所基通164-1より
（注）平成25年1月1日よりこの他に復興特別所得税が源泉徴収される（合計税額は上記％×102.1％）。

● 1号PEを有するケース

　これら1号所得から12号所得がある場合には，総合課税（一部源泉分離課税併用）となりますので，確定申告が必要となります。

● 2号PEまたは3号PEを有するケース

　1号所得から3号所得までは総合課税（一部源泉分離課税併用），4号所得

図表6-9 外国法人に対する課税関係の概要（網かけ部分が法人税の課税範囲）

所得の種類 （法法138） \ 外国法人の区分 （法法141）	国内に恒久的施設を有する法人		国内に恒久的施設を有しない法人 （法法141四）	源泉徴収 （所法212①, 213①）
	支店その他事業を行う一定の場所を有する法人 （1号PE） （法法141一）	1年を超える建設作業等を行い又は一定の要件を備える代理人等を有する法人 （2号，3号PE） （法法141二，三）		
事業の所得　（法法138一）			【非課税】	無
資産の運用又は保有による所得　　　（〃　一）				無
資産の譲渡による所得　　　　　（〃　一）			不動産の譲渡による所得及び法令187①一〜五に掲げる所得	無
その他の国内源泉所得　　　　（〃　一）				無
人的役務の提供事業の対価　　　　（〃　二）				20%
不動産の賃貸料等（〃　三）				20%
利子等　　　（〃　四）				15%
配当等　　　（〃　五）				20%
貸付金利子　（〃　六）				20%
使用料等　　（〃　七）				20%
事業の広告宣伝のための賞金　　　（〃　八）		国内事業に帰せられるもの	【源泉分離課税】	20%
生命保険契約に基づく年金等　　　　（〃　九）				20%
定期積金の給付補塡金等　　　　（〃　十）				15%
匿名組合契約等に基づく利益の分配　（〃　十一）				20%

（出典）平成24年度源泉徴収のあらまし（国税庁），法基通20-2-12より
（注）平成25年1月1日よりこの他に復興特別所得税が源泉徴収される（合計税額は上記％×102.1%）。

から12号所得がある場合は国内事業に帰せられるもののみ総合課税（源泉分離課税併用）となり，国内事業に帰せられないものは源泉分離課税で完結します。

● PEを有しないケース

1号所得のうち事業の所得および1号の2所得については，非課税となります。「PEなければ（事業所得）課税なし」（国際課税ルール，p. 117参照）と言われる所以です。他の1号所得，1号の3所得，2号所得，3号所得は総合課税（一部源泉分離課税併用），4号所得から12号所得がある場合は源泉分離課税で完結します。

④　外国法人のソース・ルール（法人税法）

図表6-9は，①国内源泉所得の種類（縦軸）と②PEの態様（横軸）によって，外国法人の課税所得の範囲を表したものです。見方は③と同様になります。

⑤　非居住者・外国法人課税の根拠規定まとめ

これらの根拠規定は税法上散らばっているため，整理したものが**図表6-10**になります。

図表6-10　非居住者・外国法人課税に関する主な根拠規定

	非居住者	外国法人
適用税法	所得税法	所得税法・法人税法
納税義務	所法5②	法法4③
課税所得の範囲	所法7①三	法法9・所法7①五
国内源泉所得	所法161	法法138
PE	所法164①	法法141
源泉徴収義務	所法212	所法212
課税の方法	総合課税：所法164① 分離課税：所法164②	法法141
課税標準・税額計算等	所法165	法法141～144
申告・納付等	所法166～168	法法145
分離課税の課税標準・税率	所法169・170	法法178・179

⑥ 源泉徴収免除証明手続（外国法人：所法180・所令304～306，非居住者：所法214・所令330～333）

図表6-8・6-9が非居住者・外国法人の原則的な課税関係ですが，一定の要件を満たす非居住者・外国法人には，以下の手続きをとることで，**源泉徴収の免除**を受けることができる制度があり，実務上よく利用されています。

●**制度の概要**

非居住者・外国法人で国内にPEを有するものが，その要件を満たしていることにつき納税地の所轄税務署長の証明書（**源泉徴収免除証明書**）の交付を受け，国内源泉所得の支払者に**提示**した場合には，その証明書が効力を有している間に支払いを受ける一定の国内源泉所得についての源泉徴収が免除されます。なお，この制度は源泉徴収を免除する制度であって，確定申告の免除を意味するものではありません（**図表6-11**）。

実務上は，その非居住者・外国法人が税務署に**免除証明書交付申請書**を提出するという手続きが必要であり，さらに証明書は有期限で期限が切れる前に改めて申請手続きが必要となってきますので，実務上は期日管理に留意する必要があります。

●**源泉徴収免除の対象となる国内源泉所得の範囲**

この制度の対象となる国内源泉所得の範囲は，上記の趣旨から概ね「源泉徴収の上総合課税となるもの」(p.102参照)になります。ただし，利子等，配当等，定期積金の給付補てん金等，給与等および匿名組合契約等に基づく利益の分配は，内国法人の取扱いとの兼ね合いから対象外とされています（**図表6-12**）。

(2) 租税条約上の国内源泉所得

以上Step1として国内税法の取扱いについてみてきましたが，次にStep2として，租税条約上のソース・ルールについてみていきたいと思います。

図表6-11　源泉徴収免除証明制度

■原則的な取扱い

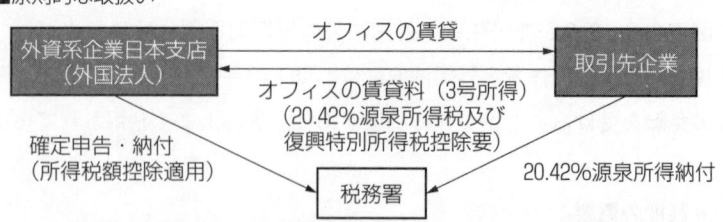

```
外資系企業日本支店 ──オフィスの賃貸──→ 取引先企業
（外国法人）      ←─オフィスの賃貸料（3号所得）─
                  （20.42％源泉所得税及び
                  復興特別所得税控除要）
      │                              │
  確定申告・納付                  20.42％源泉所得納付
  （所得税額控除適用）                │
      └──────→ 税務署 ←──────┘
```

・外資企業日本支店からオフィスを賃借している取引先企業は賃貸料の支払時に20.42％の源泉所得税及び復興特別所得税の徴収を行い，国税に納付しなければならない（手続きが煩雑）。
・オフィスの賃貸料を収受する外資系日本支店は，確定申告・納付の際に，源泉徴収された所得税及び復興特別所得税につき，所得税額控除等をとることによって，オフィス賃貸料の二重課税を回避。

■源泉徴収免除証明制度を採用した場合

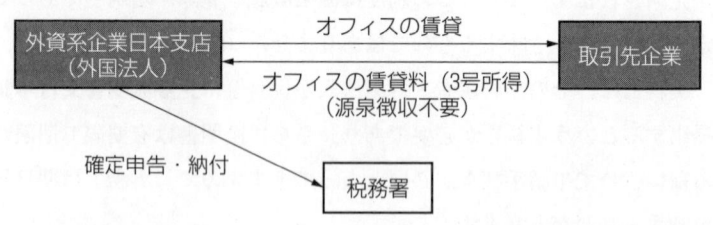

```
外資系企業日本支店 ──オフィスの賃貸──→ 取引先企業
（外国法人）      ←─オフィスの賃貸料（3号所得）─
                   （源泉徴収不要）
      │
  確定申告・納付
      └──────→ 税務署
```

・外資系企業日本支店からオフィスを賃借している取引先企業は源泉徴収・納付が不要となる。
・オフィスの賃貸料を収受する外資系日本支店は，確定申告・納付する。（内国法人と同じ扱い）

① **OECDモデル条約のソース・ルールの概要**

租税条約は所得区分ごとの課税権が全体として締約国のどちらに帰属するか（源泉地国か居住地国か），さらには源泉課税の税率をどの程度減免するかについて規定するものです（**図表6-13**）。**図表6-14**はOECDモデル条約の源泉地課税，居住地課税の区分の考え方になります。

第6章　外資系企業の税務

図表6-12　源泉徴収免除証明制度の対象となる国内源泉所得

	所得税法161条（非居住者）	法人税法138条（外国法人）	内容	原則（源泉徴収有無）（注1）	免除証明制度適用の有無（注2）
1	1号	1号	事業及び資産運用等の所得	なし	なし
2	1号の2	—	組合等の事業の利益の分配金	有り（20%）	有り
3	1号の3	—	土地等の譲渡対価	有り（10%）	有り（外国法人）なし（非居住者）
4	2号	2号	人的役務提供事業	有り（20%）	有り
5	3号	3号	不動産等の貸付料等	有り（20%）	有り
6	4号	4号	利子等	有り（15%）	なし
7	5号	5号	配当等	有り（20%）	なし
8	6号	6号	貸付金の利子等	有り（20%）	有り
9	7号	7号	使用料等	有り（20%）	有り
10	8号	—	給与・報酬等	有り（20%）	有り（注3）
11	9号	8号	広告宣伝のための賞金	有り（20%）	有り（外国法人）なし（非居住者）
12	10号	9号	年金保険契約等の年金等	有り（20%）	有り
13	11号	10号	定期積金の給付補てん金等	有り（15%）	なし
14	12号	11号	匿名組合契約等に基づく利益の分配	有り（20%）	なし

(注1) 平成25年1月1日よりこの他に，復興特別所得税が源泉徴収される（合計税額として，上記%×102.1%）。
(注2) 上記の対象となるのは，所得の支払いを受けるものが支店等（1号PE）を有する非居住者・外国法人。ただし，2号PE・3号PEを有する非居住者・外国法人の場合は，これらの国内源泉所得のうち，建設作業等に係る事業に帰せられるもの，および代理人等を通じて行う事業に帰せられる部分が対象となる。
(注3) 所法161条8号イに掲げる国内源泉所得のうち，給与にかかる部分は除く。

図表6-13　OECDモデル条約の課税権調整の基本区分

```
┌─────────────────────────────────────────────────┐
│   ┌──────────────────┐      ┌──────────────────┐ │
│   │  源泉地国フル課税  │      │  源泉地国軽減課税 │ │
│   └──────────────────┘      └──────────────────┘ │
│   ・不動産（賃貸・譲渡）       ・配当              │
│   ・PEに帰属する事業所得       ・利子              │
│   ・一定の人的役務の提供                          │
│   ・芸能人・運動家の報酬                          │
│                                                 │
│            ┌──────────────────┐                 │
│            │   源泉地国課税なし │                 │
│            │  （居住地国のみ課税）│                 │
│            └──────────────────┘                 │
│            ・使用料，国際運輸                     │
│            ・株式譲渡益                           │
│            ・PEに帰属しない事業所得               │
│            ・退職年金，その他所得                 │
└─────────────────────────────────────────────────┘
```

（出典）青山慶二「国際課税の基礎知識第4回非居住者・外国法人の課税制度」59頁（TKC税情2007年12月）

図表6-14　国内税法と租税条約のソース・ルールの主な相違

	所得税法161条（非居住者）	法人税法138条（外国法人）	内容	租税条約上の取扱い
1	1号	1号	事業及び資産運用等の所得	
2	1号の2	—	組合等の事業の利益の分配金	租税条約では，事業所得条項が適用される。租税条約において，事業所得は，非居住者等が国内に有するPE（注1）を通じて国内において事業を行う場合に，そのPEに帰せられる部分に対してのみ我が国で課税される（帰属主義）。したがって，国内にPEが存在しない場合や，PEが存在していてもそのPEに組合契約事業から生ずる利益が帰属していない場合には，その利益については我が国において課税されないこととなる。
3	1号の3	—	土地等の譲渡対価	租税条約では，土地等の譲渡による所得については，その土地等の所在地国に課税権を与える源泉地国課税が通例とされている。 我が国が締結した租税条約の多くは，不動産の譲渡等について別途規定を設けており，その適用に当たっては，各国の租税条約を

				個々に検討する必要がある。
4	2号	2号	人的役務提供事業	租税条約の多くは国内法とは異なった取扱いをしており，人的役務の提供事業の対価を「企業の利得」または「産業上または商業上の利得」としてとらえている。そのような条約の場合には，国内に有するPEを通じて事業を行わない限り，原則として，日本の租税は免除されることとなる。 　人的役務提供事業の中でも芸能人または運動家の役務提供事業の対価については，PEの有無にかかわらず役務提供地国において課税することとしている条約が多くなっている。ただし，租税条約には，免税規定が設けられているものもあるので注意が必要。
5	3号	3号	不動産等の貸付料等	租税条約では，不動産の賃貸料による所得については，その不動産の所在地国にも課税権を認めているのが一般的。 　また，我が国の締結した租税条約の多くは事業所得条項に優先して，不動産所得に関する条項を適用することとしており，PEの有無やその所得がPEに帰属するかどうかにかかわらず，その不動産の所在地国でも課税できることとされている。 　租税条約においては，船舶および航空機の裸用船（機）契約に基づく賃貸料を不動産の賃貸料として取り扱っていないのが一般的であり，多くの条約では，使用料条項において，「設備の使用料」または「船舶・航空機の裸用船（機）料」と規定されている。なお，使用料条項にこれらの規定がない場合には，通常，事業所得条項が適用される。 　また，国際運輸業所得については，その事業を営む企業の本国でのみ課税し，源泉地国での課税は免除しているのが一般的。
6	4号	4号	利子等	国内税法上は，公社債・預貯金等の利子等（4号所得）は貸付金の利子等（6号所得）と区分しているが，租税条約上は，同一カテゴリーに属するものとして包括的に規定している例が多くなっている。 　また，我が国が締結した租税条約においては，債務者の居住地国を所得の源泉地国とする債務者主義が一般的となっており，国内税法の使用地主義とは異なっている。
7	5号	5号	配当等	配当等に対する課税方法については，国によって考え方が異なっていることから，租税

				条約上の規定もまちまちとなっているが，課税対象とする配当等の定義については，おおむね国内法と同一のものとなっている。
				配当等については，多くの租税条約では源泉地国と居住地国の双方で課税できる旨を規定している。
				また，一定の親子会社間の配当については，進出する企業等が支店形態で進出する場合と現地法人の形態で進出する場合とでアンバランスが生じないようにするため，別途規定しているものが多く，この場合の限度税率は10％または5％が通例となっているが，日米租税条約，日英租税条約，日仏租税条約などのように，特典制限条項により一定の居住者につき免税としているものもある。
8	6号	6号	貸付金の利子等	租税条約においては，「貸付金の利子」もいわゆる「利子」として預貯金等の利子と同様に取り扱われる。租税条約における「利子」の課税方式は，債務者主義と使用地主義とに区分される。
				債務者主義とは，債務者の居住地国を所得の源泉地国とする方式であり，使用地主義とは，貸付金等の使用の場所の所在地国を所得の源泉地国とする方式である。
				「貸付金の利子」については，我が国の所得税法では使用地主義を採っているが，我が国が締結した租税条約においては，他の「利子」と同様に債務者主義が一般的となっている。
				なお，「利子」が生じた締約国においてPEを通じて独立の活動を行う場合であって，その「利子」がそれらの施設と実質的に関連する場合には，その施設の存在する国のみが課税権を有する旨を規定しているものもある。
9	7号	7号	使用料等	我が国が締結した租税条約の多くは，使用料については受領者の居住地国において課税することを前提としながら，所得源泉地国においても課税できる旨を規定している。
				なお，日米租税条約，日英租税条約等のように源泉地国免税とされているケースもある（その使用料の支払の基因となった権利又は財産がPEと実質的な関連を有するものを除く）。
				また使用料等の定義について国内税法と異なるものもあるため，注意が必要。
10	8号	—	給与・報酬等	租税条約では，人的役務の提供の対価等を雇用契約等に基づく役務提供に係るものと，雇用契約等に基づかない自由職業者等の役務

				提供に係るものとに区分して規定している。 1. 雇用契約等に基づく役務提供 　給与等については，国内法と同様に，原則として，役務提供が行われた国で課税することとされているが，租税条約では，人的交流の促進等の観点から，短期滞在者や交換教授，留学生，事業修習者等について，一定の条件の下に源泉地国免税とするなどの特例を設けている。 　なお，これらの特例に該当しない場合には，その給与，報酬について国内法に基づき，20%の税率により源泉徴収をすることになる。 2. 自由職業者等の役務提供 　多くの租税条約では，医師や弁護士など「自由職業者」を特掲し，その所得について，事業所得に準じた取扱いをしている。 　自由職業者に関する規定がない場合には，その報酬等については一般的に，事業所得条項が適用される。
11	9号	8号	広告宣伝のための賞金	我が国の締結した租税条約の多くは，別段の定めのない所得（その他の所得）に対しては，受益者の居住地国のみが課税権を有することとし，源泉地国では課税しないこととしている。しかしながら，こうした規定のない条約の締結国の居住者または外国法人に対して支払われるものは，我が国の国内法に従って課税することになるため，左掲の9号所得から12号所得までの所得については，租税条約における年金条項（保険年金）が適用される場合を除き，原則として国内源泉所得として課税されることになる。また，「その他の所得」について，居住地国課税を原則としながら，源泉地国においても課税できる旨規定している租税条約もあるので，注意する必要がある。
12	10号	9号	年金保険契約等の年金等	
13	11号	10号	定期積金の給付補てん金等	
14	12号	11号	匿名組合契約等に基づく利益の分配	我が国が締結した租税条約には，匿名組合契約その他これに類する契約に関連して匿名組合員が取得する所得等に対しては，その所得等の源泉地国においても，その国の国内法に従って課税できる旨を規定しているものがある。 　また，匿名組合契約等に関連して匿名組合員が取得する所得等を配当所得として取り扱う租税条約もある。

（出典）平成24年度版　源泉徴収のあらまし（国税庁）より加工。
（注1）国内法上の恒久的施設の範囲と租税条約上の恒久的施設の範囲は，異なっていることがあるため，租税条約の規定をよく確認する必要がある。

② 国内税法と租税条約の関係

次に，国内税法と租税条約の関係について整理してみますと，概ね**図表6-15**のパターンが想定されます。

租税条約は新たに課税関係を創出するものではないのですが，ソース・ルールに関しては，所得税法・法人税法に**所得源泉地の置換え規定**というものがあり，注意が必要です。日本が締結した租税条約において，国内源泉所得につき日本の税法と異なる定めがある場合は，**その異なる定めがある限りにおいて**，その条約の定めに従う（所法162前段・法法139前段）というのがその内容です。

そして，国内税法で規定される国内源泉所得の区分と租税条約で規定される国内源泉所得の区分が異なるケースがありますが，その場合には，その条約による国内源泉所得の区分をもってこれに対応する国内税法の国内源泉所得区分とみなして（所法162後段・法法139後段）課税関係が決められます。

要するに，外国法人が獲得したある所得が，国内税法上**国外源泉所得**となり，租税条約上は**国内源泉所得**となるようなケース（**図表6-15**パターン4のケース）では，ソース・ルールについては所得源泉地の置換え規定により，当初国内税法では国外源泉所得であったとしても，租税条約で国内源泉所得とされていれば，**国内源泉所得に修正**されることになり，結果的に課税されるという論理になります[11]。

図表6-15 国内税法と租税条約の関係

	Step1（国内税法）	Step2（租税条約）	Step3（最終的な課税関係）
1	課税	課税	課税
2	課税	規定なし	課税
3	課税	減免規定あり	減免
4	規定なし	課税	他に国内税法に規定（所得源泉地の置換え規定等）がない限り課税なし[10]
5	規定なし	規定なし	課税なし

③ ケース・スタディー

ここではイメージをつかんでいただくために，2つのケースについてみてゆきたいと思います。

【ケース1】

日本にPEのないインド法人A社は，内国法人B社とソフトウェアの開発に関する契約を締結し，B社に対して技術役務提供を行い，内国法人B社からその役務提供の対価を受領している。この場合B社がA社に支払う使用料には源泉徴収が必要であるか。その場合は何％となるか。またA社は日本で確定申告が必要となるか。

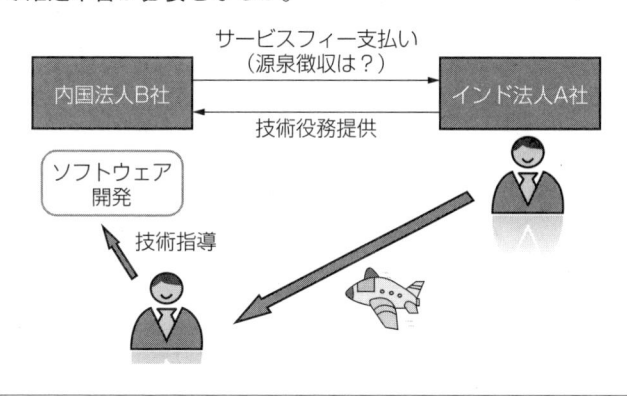

- Step1：国内税法での検討

国内税法では，インド法人A社に支払う技術サービスフィーは，**図表6-7**の2号所得（人的役務提供事業の対価）に該当し，役務提供地が日本であることから（**役務提供地主義**）国内源泉所得に該当し，平成25年1月1日より20.42％の税率により所得税及び復興特別所得税が源泉徴収されます。

- Step2：日印租税条約での検討

日印租税条約12条において，このサービスフィーは「技術上の役務に対する料金」に該当し，その支払者（債務者）の居住地国に所得の源泉地があると

する**債務者主義**が採用されています。この場合の租税の額は，日印租税条約12条2において当該使用料の金額の10％を超えないものとする，とされています。

本ケースでは，実際に使用料を支払うＢ社の所在国（債務者）は日本ということになり，その使用料は日本の国内源泉所得ということとなります。

● Step3：最終的な課税関係の検討

この技術サービスフィーは国内税法，日印租税条約とも「国内源泉所得」に該当しますが，所得区分はどうなるでしょうか。先の検討ルールをおさらいしますと，国内税法で規定される国内源泉所得の区分と租税条約で規定される国内源泉所得の区分が異なるケースがある場合には，その条約による国内源泉所得の区分をもってこれに対応する国内税法の国内源泉所得区分とみなして課税関係が決められます。したがって，日印租税条約上の「技術上の役務に対する料金」は，国内税法の2号所得「人的役務提供事業の対価」に変わって国内源泉所得を定めていますので，国内税法の所得区分上の源泉所得税が課されますが，税率は20.42％ではなく，より有利な租税条約上の限度税率である10％の適用を受けることとなります。

なお，インド法人Ａ社は国内にPEはありませんが，**図表6-9**にあったとおり，法人税の確定申告を行う必要があります。

以上の国際税務検討ルールにより，内国法人Ｂ社はインド法人Ａ社への使用料支払にあたっては10％の源泉徴収が必要となります。また，Ａ社は日本で確定申告が必要となります。

【ケース2】

内国法人医療機器メーカーのＸ社が，ドイツ医療機器メーカーＹ社から特許権の使用許諾を得て，中国にある子会社Ｚ社に製造・販売させようという計画がある。この場合Ｘ社がＹ社に支払う使用料には源泉徴収が必要であるか。その場合は何％となるか。またＹ社は日本で確定申告が必要と

第6章 外資系企業の税務

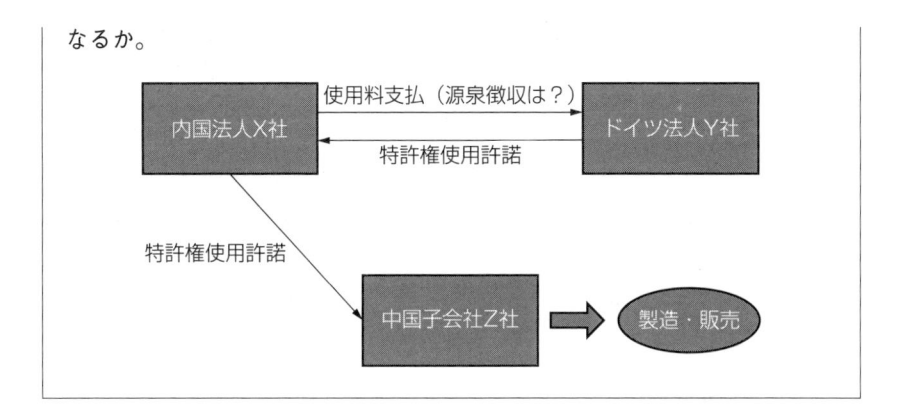

なるか。

```
内国法人X社  ──使用料支払（源泉徴収は？）──→  ドイツ法人Y社
           ←──特許権使用許諾──
   │
   │ 特許権使用許諾
   ↓
   中国子会社Z社 → 製造・販売
```

● Step1：国内税法での検討

国内税法では，国内において業務を行う者から支払いを受ける一定の使用料または譲渡の対価で，その支払者の国内において行う業務の用に供されている部分を国内源泉所得とする，という**使用地主義**が採用され（**図表6-7**参照），平成25年1月1日より20.42％の税率により所得税及び復興特別所得税が源泉徴収されます。所得区分は7号所得（使用料等）になります（**図表6-9**参照）。ところが，本ケースでは，実際の使用地は中国になり日本ではありませんので，ドイツ法人Y社には国内源泉所得はなく，源泉徴収は必要なしということになります。

● Step2：日独租税条約での検討

日独租税条約12条（5）において，使用料を支払う者（債務者）の所在国に所得の源泉地があるとする**債務者主義**が採用されています。この場合の租税の額は，日独租税条約12条（2）において当該使用料の金額の10％を超えないものとする，とされています[12]。

本ケースでは，実際に使用料を支払うX社の所在国は日本ということになり，その使用料は日本の国内源泉所得ということとなります。

● Step3：最終的な課税関係の検討

ケース1とは異なり，この使用料は国内税法では**国外源泉所得**，日独租税条約においては**国内源泉所得**という扱いになります。この場合，所得源泉地の置

換え規定に従い，国内源泉所得につき日本の税法と異なる定めがある場合（債務者主義の採用）は，その異なる定めがある限りにおいて，その条約の定めに従うことになりますので，使用料等の扱いについて日独租税条約が優先されることとなります。したがって，結論としてはこの使用料は**国内源泉所得**となり，X社は源泉徴収の必要があります。ただし税率は日独租税条約の限度税率10％ということになります。

なお，Y社は**図表6-9**のとおり，源泉分離課税で完結しますので，確定申告をする必要はありません。

以上の国際税務検討ルールにより，内国法人X社はドイツ法人Y社への使用料支払にあたっては10％の源泉徴収が必要となります。またY社は日本で確定申告を行う必要はありません。

以上2ケースを整理すると次のとおりとなります。

	Step1(国内税法)	Step2（租税条約）	Step3（最終的な課税関係）
ケース1	国内源泉所得（人的役務提供事業の対価） ※役務提供地主義	国内源泉所得（技術上の役務に対する料金：10％限度） ※債務者主義	国内源泉所得（人的役務提供事業の対価とみなす。ただし税率は10％） ※債務者主義に修正
ケース2	国外源泉所得 ※使用地主義	国内源泉所得（使用料等：10％限度） ※債務者主義	国内源泉所得（使用料等。ただし税率は10％） ※債務者主義に修正

（3） 租税条約の適用を受けるための手続き（実施特例法6の2）
① 租税条約による免税や税率の軽減を受けるための届出（実施特例省令）

租税条約の恩恵は納税者独自の判断で受けるわけにはいきません。租税条約による免税や税率の軽減を受けるにあたっては，その非居住者・外国法人が「**租税条約に関する届出書**」を支払いの日の前日までに，その国内源泉所得の支払者を経由して税務署長に提出する必要があります。

また，日米租税条約等，**特典制限条項**（p.90参照）の適用がある租税条約

の規定に基づき、減免を受ける場合は「**特典条項に関する付表**」および相手国の権限のある当局が発行した**居住者証明書**の添付が必要となります。

column 国際課税原則

① PEなければ課税なし

　この原則は、事業所得における国際課税の大原則になります。支店等PEが国内になければ、非居住者や外国法人の事業所得には課税しないというのが国際ルールでもあり、先の表にもあったとおり、日本の税法にも反映されており、国内にPEを有しない非居住者・外国法人の事業の所得は日本の法人税・所得税の課税対象からは排除される取扱いとなっています。

② 総合主義と帰属主義

　事業所得に関して、非居住者や外国法人の支店等のPEがある場合に、すべての国内源泉所得を対象として総合課税を行う（総合主義）のか、PEに帰属する国内源泉所得だけに限る（帰属主義）のか、二とおりの考え方があります。日本の税法は、総合主義の考え方を採用していますが、OECDモデル租税条約をはじめとして多くの租税条約では帰属主義を採用しています。例えば、外国にある本店が日本支店を通さず直接日本の顧客と取引して所得を得た場合、総合主義の下では、日本支店（PE）の存在により国内源泉所得となりますが、帰属主義の下では、その所得は本店に帰属するものとして国内源泉所得を構成しない、という点で差異が生じることとなります。

③ 独立企業原則

　法人がPEを有する場合、事業所得の所得金額を算定する必要があります。その場合、支店等のPEを本店とは独立した一つの事業体とみなし、その事業活動から得られた所得をそのPEに帰属するものとする基準を独立企業原則といいます。具体的には、本店と支店等との取引は、独立した第三者間の価格または条件で行われるとみなして所得金額の計算を行うことになります。

④ 単純購入非課税の原則

　この原則は、独立企業原則の例外になります。支店等のPEが行う購入活動（物品または商品の単なる購買活動）からは所得が生じないとするものです。

② 租税条約による免税や税率の軽減を受けるための還付請求

　国内源泉所得の支払いを受ける際に，届出書の提出をしなかったため，租税条約が適用されないものとして源泉徴収された場合であっても，後日，差額について，税務署長に対し**還付請求**を行い，その差額の還付を受けることができます。

3　給与等支払時の税務

　外資系企業の場合，国外の本店または親会社から役職員が日本へ派遣されてきますが，その外資系企業日本支店または日本法人がその派遣役職員に対して給与等を支払う場合，課税関係はどうなるでしょうか。ここで課税関係について，源泉徴収が必要であるかどうかという点と，その役職員が日本で確定申告をする必要があるか，という2点につき考えていきます。

　1でも述べたとおり，その派遣役職員が**非居住者**や居住者のうち**非永住者**に該当する場合は，その給与等が**国内源泉所得**に該当するかどうかで課税関係が変わってきます。非永住者の場合は，国内源泉所得に加え，国外源泉所得で国内において支払われまたは国外から送金されたものに対しても課税されますので注意が必要です。

　非永住者の課税関係は，他の居住者（永住者）と同様，その給与等に源泉徴収が行われ，年末調整で課税関係は終了するかまたは確定申告を行うこととなります。

　一方，**非居住者**の課税関係は，非居住者の給与等が国内源泉所得に該当する場合，PEを有さなければ，20.42％の源泉徴収のみで課税関係は終了します[13]。

(1)　国内税法での取扱い

①　給　　　与

　給与等については，所得税法161条（p. 101）でみたとおり，8号所得に該当し，支払いがどこで行われたかにかかわりなく，給与等の基因となる人的

役務の提供（勤務等）が日本国内で行われれば，日本国内で勤務したことにより支払われる給与については，国内源泉所得に該当するということになります。例えば，外資系企業の親会社から来日している社員の日本勤務期間の給与等は，その親会社から外国で支払いが行われたとしても，日本において給与課税されることになります。その場合，その親会社（PEなし）には源泉徴収義務がないことから，その社員自らが申告納税しなければなりません[14]（所法164②二，169,170）。

② 役員報酬

外資系企業日本法人の場合，親会社の役職員がその子会社（内国法人）の役員に就任するケースがありますが，この場合その役員報酬は，国内源泉所得となります（所令285①一）。これは日本での勤務がない場合でも国内税法上は国内源泉所得となり，①とは異なります。ただし使用人兼務役員等役員以外の資格で取得する報酬についてはこの限りではありません。

③ 退職手当等

退職手当等について，非居住者が居住者であった期間に行った勤務に基因するものが国内源泉所得となります。

（2） 租税条約での取扱い

OECDモデル条約での取扱いについてみてゆきます。

① 給与所得（雇用契約等に基づく役務提供に係るもの）（OECD15）

租税条約においても，国内税法と同様，役務提供が行われた国（勤務地国）が課税することが原則的な取扱いです[15]。しかし，勤務地国課税を厳密に行うと，数日間の出張の場合までもが勤務地国での課税対象となり，その所得の把握が大変煩雑になるため，経済活動の便宜を図るため，租税条約で短期滞在者等については源泉地国での免税の規定を定めています。

> **短期滞在者免税（183日ルール）**

次の3つの要件を全て充足することを条件として源泉地国免税（居住地国課税）が認められています。なお，この免税の恩恵を受けるためには2（3）で述べた「租税条約に関する届出書」の提出が必要となります。

● 免 税 要 件

(a) 滞在期間がその前後の12カ月を通じて合計183日を超えないこと[16]
(b) 給与等を支払う雇用者が，勤務が行われた締約国の居住者でないこと（したがって雇用者が日本法人である場合は該当しないこととなる）
(c) 給与等が役務提供地国に所在する支店等PEによって負担されないこと

通常は，親会社または本店が日本への短期出張者に対して給与等を支払いますので，このような場合は日本（源泉地国）では免税となります。

ところが，日本法人が，親会社からの短期出張者の給与等の支払いを行うような場合は(b)の要件を満たさないため，この規定は使えません。また日本支店の場合でも，日本支店が本店からの短期出張者の給与等の支払いを負担するような場合も(c)の要件を満たさないため，注意が必要です。

以上，給与等の取扱いについて，国内税法と租税条約（OECDモデル条約）の取扱いを整理すると次のとおりとなります（**図表6-16**）。

② 役員報酬（OECD16）

役員報酬については，国内税法同様，その**法人の居住地国**で役務が提供されたものとして取り扱われます。

③ 退職年金（OECD18）

過去の勤務について支払われる退職年金については，過去の勤務の場所に

図表6-16　外資系企業の給与等の課税関係

属性	役務提供地	支払場所	Step1（国内税法）	Step2（租税条約）	Step3（最終的な課税関係）源泉徴収	Step3（最終的な課税関係）確定申告
非居住者	日本	日本	国内源泉所得（8号所得）	国内源泉所得	国内勤務基因分は，国内源泉所得（8号所得）として20.42%源泉分離課税	不要
非居住者	日本	国外	国内源泉所得（8号所得）	原則：国内源泉所得	国内源泉所得（8号所得）ではあるが，給与等支払者が国外の企業（PEなし）である場合源泉徴収義務なし	非居住者が20.42%の税率により日本で確定申告必要
非居住者	日本	国外	国内源泉所得（8号所得）	短期滞在者免税の規定に該当する場合：免税	免税のため源泉徴収なし	不要
非永住者（居住者）	日本	日本	国内源泉所得（8号所得）	国内源泉所得	給与所得の源泉徴収税額表に基づき甲欄または乙欄により徴収	年末調整で完結または確定申告
非永住者（居住者）	日本	国外	国内源泉所得（8号所得）	国内源泉所得	給与等支払者が国外の企業（PEなし）である場合源泉徴収義務なし	確定申告必要

(注) 源泉税率は平成25年1月1日以降の税率

関わらず，**受給者の居住地国**のみが課税できる旨定めがあります。

(3) その他

① ホーム・リーブの旅費等の負担

外資系企業の場合，長期間日本に勤務している外国人従業員について休暇帰国（ホーム・リーブ）制度を設けているところが多いですが，その旅費負担等について，通達上下記の要件を全て満たす場合は非課税とされています[17]。

(a) 使用者が，国内において概ね2年以上引き続いて勤務する外国人に対して，就業規則等に基づき，概ね1年以上の期間を経過するごとに休暇のための帰国を認めるものであること

(b) その外国人が帰国するための旅行に必要な支出（その者と生計を一にす

る配偶者その他の親族に係る支出を含む）に充てるものとして支給する金品のうち，国内とその旅行の目的の国（本人または，配偶者の国籍若しくは市民権の属する国をいう）との往復に要する運賃（航空機等の乗継地においてやむを得ない事情で宿泊した場合の宿泊料を含む）で，その旅行に係る運賃，時間，距離等の事情に照らして最も経済的，かつ合理的と認められる通常の旅行経路及び方法によるものに相当する部分であること

② **来日役員への豪華社宅の提供**

これは何も外資系企業だけに限った問題ではありませんが，役員（使用人兼務役員を含む）に対して社宅を貸与する場合，その社宅の賃料がその役員に対する「**経済的利益の供与**」に該当し，給与課税とならないか，注意が必要です。通達（所基通36-40～42等）では役員から通達で定める計算基準等に定める賃貸料を受け取っていれば給与課税はされません。しかし，社会通念上一般に貸与されている社宅と認められない豪華社宅である場合は，先の計算基準の適用はなく，時価（実勢価額）が賃貸料相当額になり，給与課税をされますので注意が必要です。

4 親子間取引の税務（移転価格税制：国外関連者との取引に係る課税の特例）

国境を跨ぐ親子会社間等の取引では，企業グループとして利益の最大化を図るため，親子会社間等の取引価格は，独立した第三者との取引価格（**独立企業間価格**。Arm's Length Price）とは乖離する傾向があります。このような関連する企業間取引で付される価格を**移転価格**（Transfer Pricing）と呼んでいます。これを野放しにしておくと，税率の高い国での所得を圧縮し，税率の低い国へ所得を集約させる等の操作が可能となり，課税上弊害がでる[18]ことから，その取引価格を独立企業間価格に引き直して日本における課税所得を再計算する**移**

転価格税制が昭和61年度の税制改正により創設されました[19]（措法66の4）。

図表6-17，**6-18**は移転価格税制の簡単なケースを表したものです。低税率のA国と日本とでビジネスを行う企業グループにおいて，当初A国でビジネスを行うX社の利益は700－400＝300，日本でビジネスを行うY社の利益は，1,000－700＝300，合計で600でした。これに伴う法人税等は，X社60，Y社120，合計180となります。

ところがX社からY社への売上を700から900に変更し，X社とY社間で価格操作を行うことでX社の利益が500，Y社の利益が100となったと仮定しましょう。これに伴い，法人税等はX社で100，Y社で40，合計140となり，先のケースと比べて，グループ全体の利益は同じであるにもかかわらず税額が180－140＝40少なくなります。

つまり，移転価格税制はこのような価格操作を防ぐことを目的としたものなのです。また税金が日本からA国へ移転するのを防ぐ目的もあり，言わば国家間の税金戦争のような特徴を持ちます。

特に昨今グローバル企業のグループ間取引について各国の税務当局が移転価格の取組みを強化しており，日本においても近年多くのグローバル企業に対し

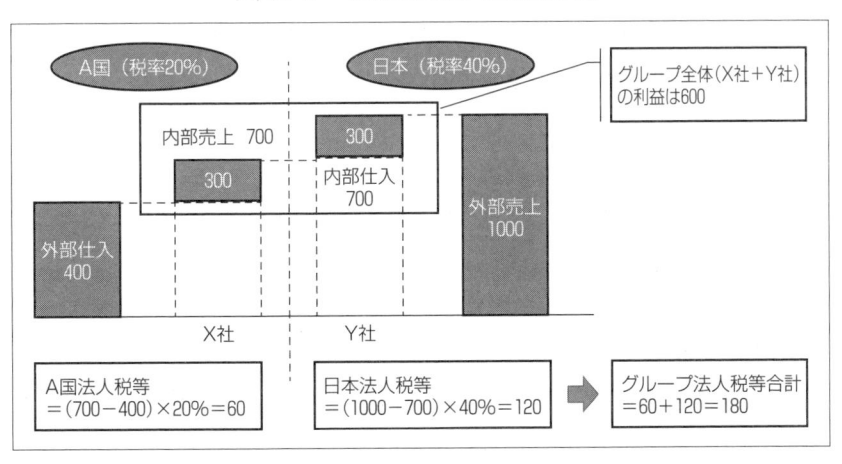

図表6-17　移転価格税制（価格操作前）

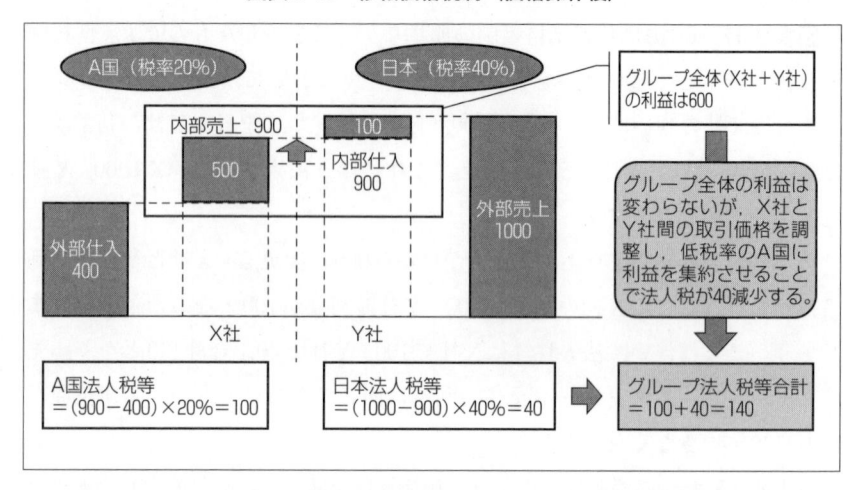

図表6-18 移転価格税制（価格操作後）

[図表：A国（税率20％）のX社は内部売上900、外部仕入400。日本（税率40％）のY社は内部仕入900、外部売上1000。グループ全体（X社＋Y社）の利益は600。グループ全体の利益は変わらないが、X社とY社間の取引価格を調整し、低税率のA国に利益を集約させることで法人税が40減少する。A国法人税等＝(900−400)×20％＝100、日本法人税等＝(1000−900)×40％＝40、グループ法人税等合計＝100＋40＝140]

て巨額の更正処分が下っているのはメディア等でも報道されているとおりです。また，移転価格税制には独立企業間価格の算定という**経済的分析手法**が必要となる等，他の税制にはない特色を持っています。

（1） 移転価格税制の基本的な仕組み（措法66の4）

　法人が，**特殊の関係**にある外国法人（**国外関連者**）との間で，資産の販売・購入，役務の提供その他の取引（**国外関連取引**）を行った場合で，①国外関連者から受け取る支払対価が**独立企業間価格**に満たないとき（低価販売），または②国外関連者に支払う対価が独立企業間価格を超えるとき（高価買入）は，その国外関連取引は，独立企業間価格で行われたものとみなすというものです[20]。

　この場合，国外関連取引の対価の額と独立企業間価格との差額は，法人の所得計算上，**損金不算入**となります。

① 適用対象者

　法人全てが適用対象者となるため，内国法人のみならず外国法人も対象となります。ただし外国法人の本店・支店間の取引は，同一法人内取引であり，

外国法人税制,租税条約7条(事業所得課税)の方で適用対象となる関係で,移転価格税制の適用対象にはなりません。

一方,個人は対象外ですが,仮に法人間取引に個人を介在させ租税回避に利用されるようなケースが発生するような場合は回避行為否認規定(措法66の4⑥)で規制されています。

② 国外関連者(措令39の12①)

特殊の関係にある外国法人を言い,「特殊の関係」とは具体的には次のような場合をいいます。非常に広範囲に及びますので実務上留意が必要です。

(a) 親子関係

一方の法人が他方の法人の発行済株式等(自己株式を除く)の50%以上(数または金額)を直接または間接に保有する関係

(例)

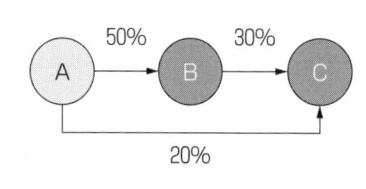

- AはBの発行済株式等の50%以上を保有しているためAとBは「特殊の関係」がある。
- また,Aと「特殊の関係がある」Bが保有するCの株式等の保有割合30%がAの間接保有割合になる(50%×30%とはしない)。したがって,AはCを直接的に20%,間接的に30%,計50%保有していることとなり,CもAと「特殊の関係」があることになる。

(b) 兄弟姉妹関係

2つの法人が同一の者によってその発行済株式等(自己株式を除く)の50%以上(数または金額)を直接または間接に保有される関係

(例)

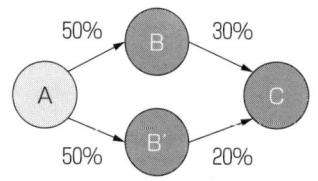

- B,B´ともにAにより発行済株式等の50%以上を保有されているので,BとB´はAと「特殊の関係」がある。
- また,Aと「特殊の関係がある」BおよびB´が保有するCの株式等の保有割合50%(30%+20%)がAの間接保有割合になる。したがって,CもAと「特殊の関係」があることとなる。

(c) 実質支配関係

特定事実（役員派遣，取引依存，資金依存等）が存在することにより一方の法人が他方の法人の事業の方針の全部または一部につき実質的に決定できる関係

(d) 連鎖関係

株式保有関係および実質支配関係が連鎖することにより，実質的に決定できる関係

(例)

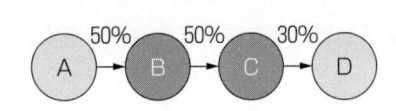

・A→B，B→Cと50％以上の出資による連鎖があれば，Cの保有する30％がAの間接保有割合になる（連鎖による支配）。このケースでは，AとB，AとC，BとCが「特殊の関係」になる。ただし，DはAが連鎖的には30％しか保有していないので，「特殊の関係」にはない。

③ 適用対象取引

法人と国外関連者との間で行われる資産の販売・購入，役務の提供その他の取引で，日本の課税所得が減少する低価販売，高価買入に該当する場合が対象となります[21]。逆に，高価販売，低価買入のように日本の課税所得が増加するような場合は対象となっていません。このような場合，国外関連者の所在地国で移転価格税制が発動された場合，結果的に二重課税となりますが，租税条約等で調整する方法（後述）があります。

(2) 独立企業間価格の算定（措法66の4②）

では，**独立企業間価格**（Arm's Length Price）とはどのように算定されるのでしょうか。この点が実務上最も悩ましくかつ問題となってくるところです。国内税法では，独立企業間価格とは，国外関連取引の内容および当該国外関連取引の当事者が果たす機能その他の事情を勘案して，独立の事業者の間で通常の取引の条件に従って行われるとした場合に支払われるべき対価の額を算定するための最も適切な方法[22]により算定した金額とされており，具体的には次の方法が法定されています（**図表6-19**）。

図表6-19　独立企業間価格の算定方法

棚卸資産の売買取引	棚卸資産の売買取引以外の取引
【基本三法】 ① 独立価格比準法 ② 再販売価格基準法 ③ 原価基準法	【基本三法と同等の方法】 ① 独立価格比準法と同等の方法 ② 再販売価格基準法と同等の方法 ③ 原価基準法と同等の方法
【基本三法に準ずる方法】 ① 独立価格比準法に準ずる方法 ② 再販売価格基準法に準ずる方法 ③ 原価基準法に準ずる方法	【基本三法に準ずる方法と同等の方法】 ① 独立価格比準法に準ずる方法と同等の方法 ② 再販売価格基準法に準ずる方法と同等の方法 ③ 原価基準法に準ずる方法と同等の方法
【その他政令で定める方法】 ① 比較利益分割法 ② 寄与度利益分割法 ③ 残余利益分割法 ④ 取引単位営業利益法 ⑤ ①から④までの方法に準ずる方法	【その他政令で定める方法と同等の方法】 ① 比較利益分割法と同等の方法 ② 寄与度利益分割法と同等の方法 ③ 残余利益分割法と同等の方法 ④ 取引単位営業利益法と同等の方法 ⑤ 左欄の⑤の方法と同等の方法

(出典：国税庁「移転価格税制の適用に当たっての参考事例集」)

　各算定方法の概要は次のとおりです(**図表6-20**)。「移転価格事務運営要領」および「別冊　移転価格税制の適用に当たっての参考事例集」に詳しいガイドラインが示されています。

図表6-20　独立企業間価格の算定方法の概要

	項　目	内　容	比較対象	特　徴
(1)基本3法(比較法)	①独立価格比準法 (Comparable Uncontrolled Price Method: CUP法)	・国外関連取引と同種の棚卸資産で、取引段階・取引数量等が同様の状況(差異調整を許容)下で売買した取引の対価の額を独立企業間価格とする方法。	・同種の棚卸資産	・コモディティ取引のように市場で相場のある棚卸資産の場合は採用可能。 ・そもそも移転価格の性質上関連者間で取引される棚卸資産には外部比較対象取引が存在すること自体が少ない。仮にあったとしても秘密情報であり公開されていないことからCUP法になじむ場面が少ない。
	②再販売価格比準法 (Resale Price Method: RP法)	・国外関連取引に係る棚卸資産の買い手側が特殊の関係のない第三者に再び売り渡す時の価格から、	・同種または類似の棚卸資産	・CUP法と比べ、類似の棚卸資産を比較対象取引として選定可能なため使いやすい。 ・基準が「売上総利益」であることから、

127

		通常の利潤（売上総利益）を差し引いた額を独立企業間価格とする方法。 ・再販売機能に差異があれば調整する。		棚卸資産の物理的な類似性に加え，会社の機能やリスクにおける類似性，無形資産の関与などがより重視される。したがって，買い手が価値の高い無形資産を有していないようなケースにRP法は適している。 ・しかし公開データから機能やリスクにおける類似性，無形資産の関与などを判別するのは非常に困難。
	③原価基準法 （Cost Plus Method: CP法）	・国外関連取引に係る棚卸資産の売り手側の原価に通常の利潤（売上総利益）を加えた額を独立企業間価格とする方法。 ・売り手の機能に差異があれば調整する。	・同種または類似の棚卸資産	・CUP法と比べ，類似の棚卸資産を比較対象取引として選定可能なため使いやすい。 ・基準が「売上総利益」であることから，棚卸資産の物理的な類似性に加え，会社の機能やリスクにおける類似性，無形資産の関与などがより重視される。したがって，売り手が価値の高い無形資産を有していないようなケースにCP法は適している。 ・しかし公開データから機能やリスクにおける類似性，無形資産の関与などを判別するのは非常に困難。
(2) 基本三法に準ずる方法				
(3) その他政令で定める方法（利益法）	④利益分割法 （Profit Split Method: PS法）	・利益分割法は，国外関連取引に関与した関連者が得た全ての利潤（合算利益・分割対象利益）を，関連者間で利益獲得に寄与した程度に応じて配分する方法。利潤は営業利益を用いる。 次の3通りの方法がある。		
		a) 比較利益分割法 国外関連取引と類似の状況の下で取引を行っている互いに独立した企業を比較対象取引として選定し，両者の合算利益の分割割合を適正な利益の分割割合として，分割対象利益の配分に使用する方法。	・類似の状況の下で取引を行っている互いに独立した企業	・OECDガイドラインが推奨する方法であるが，データ入手が困難であることから実際の利用度は低い。
		b) 寄与度（貢献度）利益分割法 国外関連取引の合算利益（分割対象利益）を，各社の貢献度を最も反映している指標を用いて，その割合に従って分割対象利益を配分する方法。		・貢献度の指標としては，販売費，人件費，研究開発費等の費用の額，投下資本の額等が用いられる。 ・貢献度は内部データから取得が可能であるが，評価が主観的にならざるをえない。税務調査の際にその合理性が説明できない可能性がある。
		c) 残余利益分割法 重要な無形資産を有する場合，①分割対象利益のうち重要な無形資産を有しない非関連会社間取引において通常得られる利益（基本的利益）をまず関連者間で配分し，②残額（残余利益）を重要な無形資産の価	・事業が同種で，市場・事業規模が類似し，重要な無形資産を有しない法人	・重要な無形資産を有する場合に適している。 ・第1段階の計算にあたっては，TNMMを利用。 ・第2段階の計算において用いる重要な無形資産の価値としては，研究開発・製造関係費用（特許権等製造関連無形資産の場合），広告宣伝・マーケティング関係費用（ブランド，商標権等マ

			値に応じて,関連者間で配分するという二段階の計算で分割する方法。		ーケティング関連無形資産の場合)等が利用される。
⑤取引単位営業利益法 (Transactional Net Margin Method: TNMM)	・取引単位営業利益法は,関連者間取引における売り手と買い手の獲得した営業利益(率)と比較対象となる第三者間取引における者の営業利益(率)を比較する方法。平成16年度税制改正で導入された。TNMMの算定に用いられる利益指標としては次の2つがある。	・同種又は類似の取引	・RP法やCP法で用いられる売上総利益は,製品・機能の差異,会計処理の差異の影響を受けやすいが,営業利益率はこれらの影響を受けにくいため,データが取り易い。 ・利益率が相対的に低い企業にとっては,比較対象の営業利益率に左右されてしまうため,結果として算定される利益率が高くなる可能性がある。
	a) 売上高営業利益率 　買い手の再販売価格から通常の営業利益,販売費及び一般管理費を差し引いた金額を独立企業間価格とする。通常の営業利益には,比較対象の営業利益率を用いる。		
	b) 総費用営業利益率 　売り手の総費用(原価+販売費および一般管理費)に通常の利益を加算した金額を独立企業間価格とする。通常の営業利益には,比較対象の営業利益率を用いる。		
⑥	⑤・⑥に準ずる方法		

(3) 国外関連者に対する寄附金の損金不算入(措法66の4③)

　法人が,支出寄附金(贈与,債務免除等経済的な利益供与)のうち国外関連者に対するものは,その法人の所得計算上損金不算入とされています。通常の寄附金(法法37⑦)の場合は一定限度の範囲で損金算入が認められていますが,国外関連者に対するものも損金算入を認めてしまうと,移転価格と同じ海外への所得移転であるにもかかわらずバランスがとれなくなってしまうため,平成3年度税制改正で導入されました。

(4) 二重課税排除のための手続き

　(1)③で,高価販売,低価買入のように日本の課税所得が増加するような場合は対象とならないため,国際的二重課税が生じることもあると述べましたが,

救済措置はないものでしょうか。

① 相互協議

　移転価格税制はOECDモデル条約9条（特殊関連企業条項）に定めがあり，第2項で経済的二重課税を排除するための**対応的調整**[23]の規定が置かれています。対応的調整とは，一方の国で利益を増額調整した場合，他方の国で減額調整等を行う措置のことですが，これは自動的に行われるものではなく，一定の手続きが必要となります。

　具体的には，租税条約締約国間の場合，**相互協議**の申立て（OECDモデル条約25条）を権限のある当局（国税庁）に対して期間制限内に行う必要があります。これを受けて日本の権限ある当局が租税条約締結国の権限ある当局と政府間の協議を行うこととなります[24]（図表6-21）。

② 納税の猶予（措法66の4の2①）

　移転価格税制に関して更正処分等を受けた場合には，相互協議の申立てを条件に申請すれば，相互協議の合意があるまでは一定の担保を提供することを条件として，**納税が猶予**される制度（平成19年度改正で導入）があります。地方税においても同様の制度が整備されています。移転価格の場合，更正金

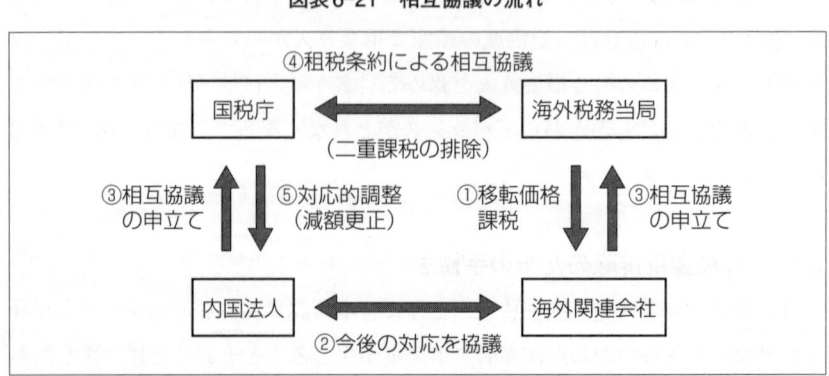

図表6-21　相互協議の流れ

国税庁	④租税条約による相互協議 （二重課税の排除）	海外税務当局
③相互協議の申立て　⑤対応的調整（減額更正）	①移転価格課税　③相互協議の申立て	
内国法人	②今後の対応を協議	海外関連会社

③ 事前確認（APA: Advance Pricing Arrangement）

また移転価格に関しては，納税者が税務調査に入られる前に事前に税務当局に独立企業間価格の算定方法等につき申し出て，その合理性を検証し確認してもらうという**事前確認**を利用することもできます[25]（移転価格指針1-1）。

この制度は納税者の紛争解決コストや予測可能性確保の必要性から近年急速に活用が増えてきています。

具体的な手続きとしては，「独立企業間価格の算定方法等の確認に関する申出書」（確認申出書）を事前確認を受けようとする事業年度のうち最初の事業年度開始の日の前日までに，所轄税務署長に提出する必要があります（**図表6-22**）。

事前確認には，1カ国の税務当局からのみ確認を受ける**「一国内APA（Unilateral APA）」**，2カ国の税務当局から確認を受ける**「二国間APA（Bilateral APA）」**，3カ国以上の税務当局から確認を受ける**「多国間APA（Multilateral APA）」**の3種類があります。2カ国以上の国を対象とした事前確認においては，政府間の合意を得るための相互協議を行う必要があります。

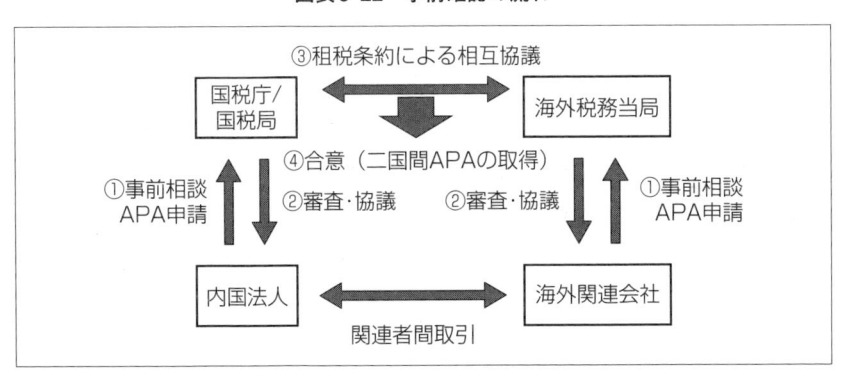

図表6-22　事前確認の流れ

(5) 移転価格の税務調査

税務当局が更正処分を行う場合には原則として立証責任は税務当局にあるため，次の権限を調査官に付与しています。

① 移転価格調査に係る同業他社に対する質問検査権（措法66の4⑧）

調査官は，移転価格調査にあたり法人が必要書類を遅滞なく提示せず，または提出しなかった場合には，一定の要件の下に，その法人の国外関連取引に係る事業と同種の事業を営む者に**質問検査権**が与えられています。

② 国外関連者が保存する資料等の入手努力義務（措法66の4⑦）

調査官は，法人と国外関連者との取引に関する調査について必要があるときは，その法人に対し，その国外関連者が保存する帳簿書類またはその写しの提示または提出を求めることができ，法人がその入手に努めなければなりません[26]。

③ 推定課税（措法66の4⑥，措規22の10①）

法人が，移転価格調査にあたって一定の必要書類を遅滞なく提示または提出のないときは，調査官はその法人の国外関連取引に係る事業と同種の事業を営む法人で事業規模等が類似する法人の，売上総利益率等を基礎とした方法により算定した金額をその法人の独立企業間価格と**推定**して更正等の処分をすることができます[27]。

なお，一定の書類は具体的にどのようなものなのかに関し，平成22年度税制改正により下記のとおり明確化が図られました。したがって，法人はこれらの書類を文書化しておかねば，税務当局より推定課税を受けるリスクがあるので留意が必要です。

〔文書化が必要な書類一覧〕

①国外関連取引の内容を記載した書類
- 取引に係る資産の明細・役務の内容
- 取引において双方が果たす機能・負担するリスクに係る事項
- 取引において使用した無形資産の内容
- 取引に係る契約書又は契約の内容
- 取引の対価の額の設定方法，設定に係る交渉の内容
- 取引に係る損益の明細
- 市場に関する分析その他市場に関する事項
- 関連者双方の事業方針
- 取引と密接に関連する他の取引の有無及びその内容

②国外関連取引について法人が算定した独立企業間価格に係る書類
- 選定した移転価格算定方法，選定理由，その他独立企業間価格を算定するに当たり作成した書類
- 採用した比較対象取引等の選定に係る事項，比較対象取引等の明細
- 利益分割法を選定した場合の関連者双方への帰属金額を算出するための書類
- 複数の国外関連取引を一取引として独立企業間価格の算定を行った場合の理由及び各取引の内容を記載した書類
- 比較対象取引等について差異調整を行った場合の理由及び方法を記載した書類

5　投下資金回収時の税務

　最後に親会社が日本法人に投下した資金を回収する際の税務上の留意点についてみてゆきます。

（１）　過少資本税制（国外支配株主等に係る負債の利子等の課税の特例）（措法66の5）

　一般的に外資系企業が資金調達をする方法として，海外にある親会社等からDebt（負債）形態で行うか，Equity（資本）形態で行うかの方法が考えられます。前者の代表例としては，ローン（借入），後者には出資があります。

　法人税の課税所得の計算上ローンの支払利息は支払企業側で損金算入できる一方で，支払配当は損金不算入となります。図表6-23のケース1にあるとおり内国法人である親会社から借入または出資を受ける場合は，グループ全体でみると日本において租税回避行為になるような誘因は働きません。ところがケース2に示すように，日本より低税率の外国親会社から借入または出資を受ける場合，ローンの方が出資より有利になることがあります。また法人税率に大きな相違がなくとも，国外に支払われる利子は源泉徴収でもって日本の課税関係が完結し，さらに租税条約により利子の源泉所得税が減免されることも多いため，日本において法人税額が減少することとなります。

　いずれの方法で資金調達を行うかは本来その企業の経営判断の問題ですが，このような国境を跨いだ租税回避行為等を防止するために，親会社の出資金の3倍を超える借入金の利子の損金算入に一定の制限を加える過少資本税制が平成4年度税制改正により，導入されました。

①　制度の概要（措法66の5①・⑨）

　内国法人が，各事業年度において，**国外支配株主等**または**資金供与者等**に負債の利子等を支払う場合において，その負債に係る平均負債残高が**国外支配株主等**の資本持分の3倍を超えるときは，その負債の利子等の額のうち，その超える部分に対応するものとして一定の計算式で計算した金額は，損金の額に算入しません。

　この規定は，**国内において事業を行う外国法人**が支払う負債の利子等（国内において行う事業に係るものに限る）について，準用します。

　(a)　適用対象者

第6章　外資系企業の税務

図表6-23　Debt と Equity の効果の違い

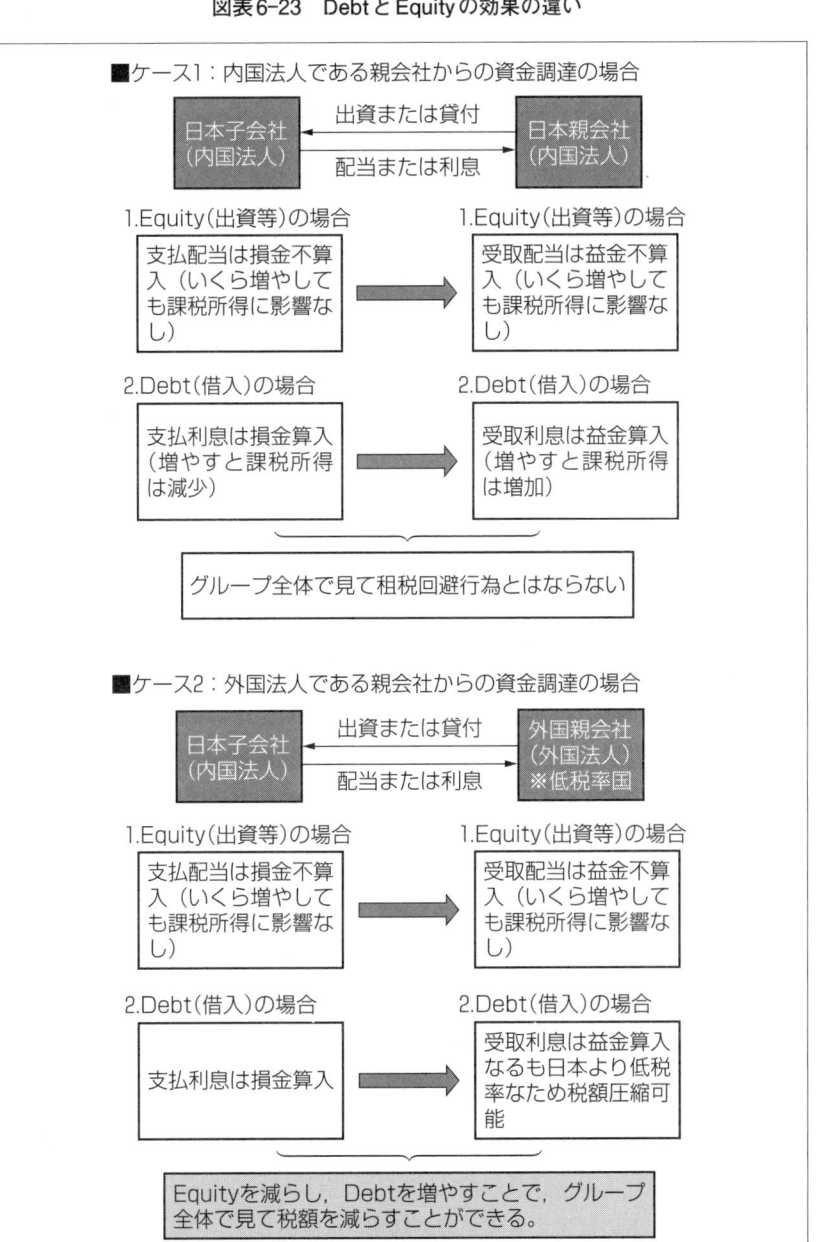

■ケース1：内国法人である親会社からの資金調達の場合

日本子会社（内国法人） ←出資または貸付／配当または利息→ 日本親会社（内国法人）

1. Equity（出資等）の場合
   支払配当は損金不算入（いくら増やしても課税所得に影響なし）
   → 1. Equity（出資等）の場合
   受取配当は益金不算入（いくら増やしても課税所得に影響なし）

2. Debt（借入）の場合
   支払利息は損金算入（増やすと課税所得は減少）
   → 2. Debt（借入）の場合
   受取利息は益金算入（増やすと課税所得は増加）

グループ全体で見て租税回避行為とはならない

■ケース2：外国法人である親会社からの資金調達の場合

日本子会社（内国法人） ←出資または貸付／配当または利息→ 外国親会社（外国法人）※低税率国

1. Equity（出資等）の場合
   支払配当は損金不算入（いくら増やしても課税所得に影響なし）
   → 1. Equity（出資等）の場合
   受取配当は益金不算入（いくら増やしても課税所得に影響なし）

2. Debt（借入）の場合
   支払利息は損金算入
   → 2. Debt（借入）の場合
   受取利息は益金算入なるも日本より低税率なため税額圧縮可能

Equityを減らし，Debtを増やすことで，グループ全体で見て税額を減らすことができる。

135

国外支配株主等または資金供与者等に負債の利子等を支払う内国法人および国内において事業を行う外国法人が適用対象となります。外国法人の場合国内にPEがあるかどうかはここでは問われておらず，国内で事業を行っているかどうかがポイントとなります。

　したがって，外資系企業の場合，外資系日本法人の他，外資系日本支店で，海外関係会社等から借入の大きい会社が適用対象となってきます[28]。

(b)　国外支配株主等（措法66の5④一，措令39の13⑪）

　非居住者または外国法人で，適用対象者の発行済株式等の50％以上を直接または間接的に保有する関係，または取引依存，資金，人事等を通じて事業の方針の全部または一部につき実質的に決定できる関係にある非居住者または外国法人をいい，移転価格税制の**国外関連者**と基本的に同じ範囲となります。

(c)　資金供与者等（措法66の5④一，措令39の13⑬）

　国外支配等株主が**第三者**を介在させて，適用対象者に対し資金供与または債務保証することで過少資本税制の回避を防ぐ観点から，平成18年度税制改正で，これら第三者を資金供与者等として網にかかるよう追加されました。

② **適用要件**（措法66の5①）

　(a)の比率が3倍を超えるときは，(a)の超える部分（A−B×3）に対応する部分の負債の利子等の金額が損金不算入となります。ただし，(b)の比率が3倍以下となる場合は，過少資本税制の発動はありません。

- 総負債とは外部負債と内部負債（貸倒引当金等）をいう。
- 総負債の平均残高は，負債の帳簿価額の日々の平均残高または各月末の平均残高等をいう。
- 自己資本とは，総資産の帳簿価額から総負債の帳簿価額を控除した金額をいい，資本金等の額に満たない場合は資本金等の額となる。
- 類似法人の負債・資本比率の採用（措法66の5③・⑧）

(a) 国外支配株主等及び資金提供者等に係る負債・資本持分比率

$$\frac{A：国外支配株主等及び資金提供者等に対する有利子負債の平均負債残高}{B：国外支配株主等の内国法人に係る資本持分}$$

(b) 内国法人の総負債・自己資本比率

$$\frac{C：内国法人の総負債に係る平均負債残高}{D：内国法人の自己資本の額}$$

総負債：C	国外支配株主等からの負債：A
自己資本：D	国外支配株主等の資本持分：B

(a) A/B ＞ 3の時発動

ただし,

(b) C/D ≦ 3の時は適用なし

　資本持分の3倍に代えて，同種の事業を営む法人で事業規模その他の状況が類似するもの（類似法人）の総負債の額の純資産の額（資本金等の額に満たない場合は，資本金等の額）に対する比率に照らし妥当と認められる倍数を用いることも認められています。この場合，一定の書面を確定申告書に添付し，かつ，その裏付け資料を保存している必要があります。

（2） 過大支払利子税制（関連者等に係る純支払利子等の課税の特例）（措法66の5の2）

　近年主要先進国では，租税条約において利子の源泉地国免税を進める一方で，支払利子の損金算入制限を強化する流れにあります。日本の場合，従来は利率が過大な場合は移転価格税制で，資本に対して負債が過大な場合は過少資本税制で規制してきましたが，所得に比べて利子が過大な場合の規制がなく，グ

ループ間で資金を循環させる中で，日本法人において過大な支払利子を創出，損金算入することで課税所得を圧縮するということが可能でした（**図表6-24**）。

そこで平成24年度税制改正により，所得金額に比して過大な利子を関連者間で支払うことを通じた租税回避を防止するため，過大支払利子税制を導入することとなりました[29]。

① **制度の概要（措法66の5の2）**

法人の**関連者純支払利子等**の額が**調整所得金額**の50％を超える場合には，その超える部分の金額（超過利子額）は，損金の額に算入できません（**図表6-25**）。

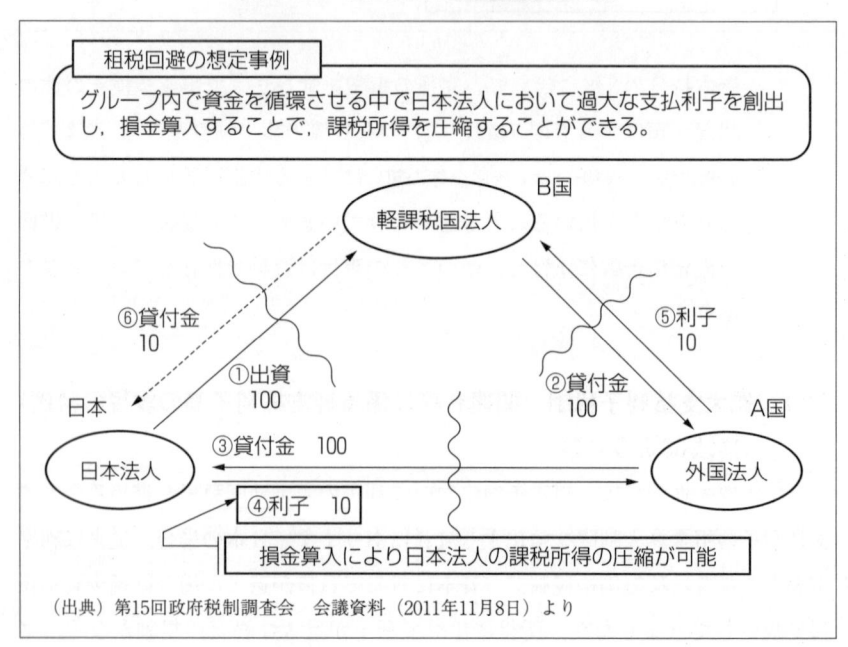

図表6-24　過大支払利子税制導入の背景

租税回避の想定事例

グループ内で資金を循環させる中で日本法人において過大な支払利子を創出し，損金算入することで，課税所得を圧縮することができる。

B国　軽課税国法人
⑥貸付金 10
⑤利子 10
①出資 100
②貸付金 100
日本　日本法人　　A国　外国法人
③貸付金 100
④利子 10
損金算入により日本法人の課税所得の圧縮が可能

（出典）第15回政府税制調査会　会議資料（2011年11月8日）より

第6章　外資系企業の税務

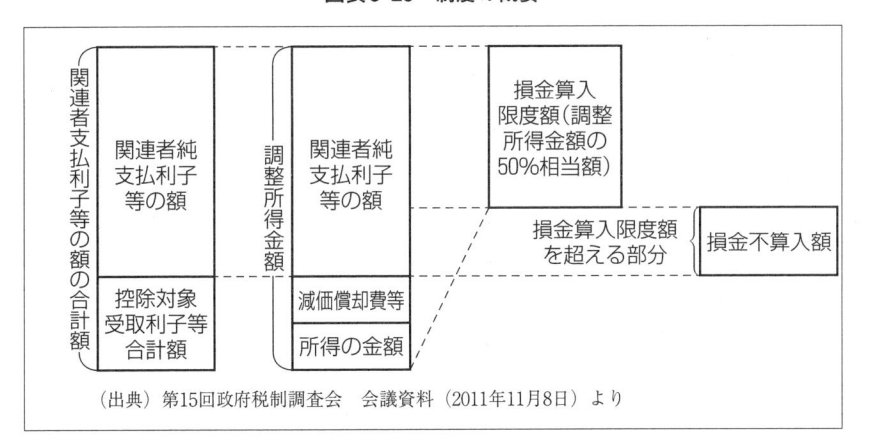

図表6-25　制度の概要

（出典）第15回政府税制調査会　会議資料（2011年11月8日）より

② 関連者純支払利子等（措法66の5の2②・③，措令39の13の2②・③）
- **関連者純支払利子等**の額とは，**関連者支払利子等**の額の合計額から**控除対象受取利子等**合計額を控除した残額をいいます（ネットの概念）。
- **関連者支払利子**の額とは，**関連者等**に対する支払利子等の額をいいます。
  ・ 支払利子等の範囲は，利子，利子に準ずるもの，関連者保証による借入に伴う保証料等が含まれます。
  ・ 関連者支払利子等にはその支払利子等を受ける関連者等において日本の法人税の課税所得に算入されるもの等は含まれません。

  したがって，関連者支払利子等は主に国外の関連者への支払利子等がその対象となることとなります。
- **関連者等**とは，その法人との間に直接・間接の持株割合50％以上の関係にある者または実質支配・被支配の関係にある者およびその法人に資金を供与する一定の者をいいます。
- **控除対象受取利子等**合計額とは，法人の総受取利子等の額のうち，関連者支払利子等と対応するものとして一定の割合で比例按分して計算した金額をいいます。

139

- 受取利子等の範囲は，利子および利子に準ずるものとする。
- その法人が関連者である居住者，内国法人または国内にPEを有する非居住者もしくは外国法人から受け取る利子等（国内関連者受取利子等）の額は，原則として総受取利子等の額には含まれません[30]。ただし，これらの関連者が非関連者または国内にPEを有しない非居住者もしくは外国法人から利子等の支払いを受ける場合には，その金額は，国内関連者受取利子等の額を限度として，総受取利子等の額に含まれるものとします。

したがって，控除対象受取利子等も主に国外の関連者からの受取利子等に対応するものといえます。

③ 調整所得金額（措令39の13の2①）

調整所得金額とは，当期の所得金額に，関連者純支払利子等，減価償却費等および受取配当等の益金不算入額等を加算しならびに貸倒損失等の特別損益について加減算する等の調整を行った金額とされています。

④ 超過利子額（繰越損金不算入額）の損金算入（措法66の5の3）

前7年以内に開始した事業年度の本制度の適用により損金不算入とされた金額（超過利子額）があるときは，その関連者純支払利子等の額と調整所得金額の50％に相当する金額との差額を限度として，当期の損金の額に算入するものとします。

なお，この措置は超過利子額に係る事業年度のうち最も古い事業年度以後の各事業年度の確定申告書に明細書の添付があり，かつ，この措置の適用を受けようとする事業年度の確定申告書に記載および明細書の添付がある場合に限り適用されます。

⑤ 適用除外基準（措法66の5の2④・⑤）

次のいずれかに該当する場合，本制度は適用されません。

(a) 関連者純支払利子等の額が1,000万円以下である場合
(b) 関連者支払利子等の額の合計額が，総支払利子等の額（法人に係る関連者等に対する支払利子等の額でその関連者等の課税対象所得に含まれるものを除く）の合計額の50％相当額以下であるとき。

この適用除外規定の適用を受けるためには，確定申告書等に適用除外の規定の適用がある旨を記載した書面およびその計算に関する明細書を添付し，かつ，その計算に関する書類を保存する必要があります。

column 外国口座税務コンプライアンス法 (FATCA: Foreign Account Tax Compliance Act)

FATCAは海外口座を利用した米国人の租税回避を防止することを目的として米国で2012年3月18日に成立した法律です。FATCAが施行（2013年1月）後には，日本も含めた外国金融機関（FFI：Foreign Financial Institution）は米国人・米国法人の納税者が保有する米国外の口座や投資に関する情報を米国内国歳入庁（IRS）に毎年報告することを求められることになります。FFIには，銀行，保険会社，不動産会社，ヘッジファンド，ミューチュアルファンド，プライベートエクイティファンド等が含まれ，広範囲となっています。FFIはIRSと米国人・米国法人口座の報告に関して同意する契約（FFI契約）を締結し，口座の有無の確認をしなければならず，FFIに守秘義務の抵触や口座確認等膨大な事務負荷を強いる内容となっています。

もし契約を締結しない場合は，FFIが受け取る米国源泉の利子・配当等，米国源泉の利子・配当等の基因となる証券の譲渡対価の金額等に対してそれぞれ30％の源泉徴収が課される等のペナルティもあります。

しかしFACTAにはFFIの国内法令等に抵触する等の問題が指摘されていたため，政府間での協議があり，2012年7月に，FFIが口座情報を現地の税務当局に報告し，当該情報について二国間租税条約や租税情報交換協定に基づいて情報交換を行うという枠組みを政府間合意書のひな型に盛り込む等の代替案が提示されました。今後の行方に注目してゆきたいものです。

⑥ 本制度と過少資本税制との適用関係

本制度と過少資本税制の双方が適用になる場合には，その計算された損金不算入額のうちいずれか高い方の金額が当期の損金不算入額とされます。

(注)

1) これとは逆に日本から海外への進出に関する税制をアウトバウンド（Outbound）税制と呼ぶが，ここでは取り上げない。したがって，外国子会社合算税制（タックスヘイブン対策税制），外国税額控除等について割愛している。
2) 国に限らず地域（香港，ケイマン諸島等）との租税条約もある。
3) なお，租税条約の規定を適用する場合記載が抽象的なケースがあるため，実施特例法（「租税条約等の実施に伴う所得税法，法人税法及び地方税法の特例等に関する法律」）という法律によって国内税法への適用関係を明確にしている。例えば，租税条約上，源泉税率について「10％を超えないものとする」という表現（限度税率）にしているところをこの法律によって10％による課税に置き換えたりしている。
4) 税務上，広告・宣伝・情報提供・市場調査・基礎的研究その他，事業の遂行上補助的な機能を有する活動を行うためにのみ使用する一定の場所は「恒久的施設（PE: Permanent Establishment）」には含まないとされているが，駐在員事務所がこれを超える活動を行った場合は，PEと認定され，仮に事業の所得があれば課税されることがあるため，留意が必要である。
5) 他に，法人ではないが有限責任事業組合（LLP）等の選択肢もある。
6) かつては，非永住者の定義上「永住の意思の有無」を判断材料としていたが，平成18年度税制改正で国籍条項を取り入れ，主観的要件を排除した。
7) 内国法人・外国法人の決定基準は，大きく①設立準拠主義（アメリカ等），②本店所在地主義（日本・韓国等），③管理支配地主義（イギリス等）があり，OECDモデル条約は③の立場をとっている。
8) 外国法人の場合，組合契約事業利益の配分（所法161一の二），土地等の譲渡対価（同法161一の三）は事業の所得（法法138一）に包含され，給与等（所法161八）については，法人が給与等を受領することはないため，該当規定はない。
9) なお，源泉徴収については，平成25年1月1日から平成49年12月31日までの間に生ずる所得について源泉所得税を徴収する際，これに加えて復興特別所得税を併せて徴収されることとなった。以下外国法人の場合も同様。
10) 租税条約は新たに課税関係を生じさせるものではないという大原則（プリザーベー

ション・クローズ）があるため，国内の税法に規定がない場合は仮に租税条約で課税関係の規定があっても，国内での課税関係は生じない。

11) ソース・ルールの適用にあたっては，プリザーベーション・クローズが機能する余地は事実上ないことになる。

12) OECDモデル条約では債務者主義を採用しているが，使用料に関する課税権は居住地国のみに認められるとして源泉地国においては免税としている。日米，日英，日仏租税条約も同様であるが，適格居住者に該当しない等の場合は条約の適用がなく国内法どおりの扱いとなる。

13) 1号PEに該当する場合，2号PEまたは3号PEに該当し国内事業に帰せられるものについては源泉徴収の上，総合課税（確定申告要）となる。**図表6-8**参照。

14) ただし後述の租税条約で短期滞在者免税の要件に該当すれば，日本では課税されない。

15) 国際運輸業の場合は，企業の実質的管理の場所が存在する締約国での課税が規定されている。

16) オランダ，カナダ，韓国との租税条約では暦年ベースで183日を判定し，OECDモデル条約と相違があるため，各租税条約での確認が必要である。

17) 源泉所得税個別通達（直法6-1（例規）昭和50年1月16日）。「ホーム・リーブ通達」とも呼ばれている。

18) このようなことは国際間の親子間取引等に限った話ではなく，国内の親子間取引等にもあり，同族会社の行為計算否認規定（法法132），無償譲渡・低額譲渡規定（法法22②）の手当てがなされている。

19) 移転価格税制の起源はアメリカにあり，1928年歳入法に国内間（州間）の取引で導入され，その後国際間の取引に適用されるようになった。

20) 移転価格については，国税庁が「移転価格事務運営要領」という実務運営指針および「別冊 移転価格税制の適用に当たっての参考事例集」を出しており，実務にあたっては参照していく必要がある。

21) 金銭の贈与や債務免除は適用対象取引には含まれないが，後述の国外関連者に対する寄附金の損金不算入規定（措法66の4③）で規制されている。

22) 国内税法上は，もともと基本三法中心主義で，基本三法およびこれに準ずる方法とその他政令で定める方法の間には明確な優先順位が付され，その他政令で定める方法は基本三法およびこれに準ずる方法を用いることができない場合に利用が限定されていた。しかしOECD移転価格ガイドラインの改訂を受け平成23年度税制改正により優先順位が廃止された。この背景としては，昨今のサービス取引，特に無形

143

資産を活用した取引の増加により，比較法たる基本三法が時代にマッチしなくなった等の要因がある。
23) 租税条約の中には相互協議の規定はあっても，対応的調整の規定がないものがあるので注意が必要。
24) 相互協議の特徴は，権限ある当局間の直接協議であることであり，これは政府間での非公開協議であるため，納税者は協議に必要な資料を提供するに留まり，直接協議に参加することができない。また，相互協議は権限ある当局同士の「合意努力義務」であり，必ずしも合意する義務はないことに留意する必要がある。
25) 日本では本制度は法令ではなく，移転価格事務運営要領（通達）で運営されている。
26) 日本の場合は努力義務規定であるが，アメリカの場合は特別のペナルティを伴う文書化義務規定（ドキュメンテーション・ルール）となっている。
27) 税務当局は，税務調査等で収集した他社データを保有しており，これをもとに更正処分が行われるということになる。しかし税務当局は守秘義務により情報源を明かすことができず，納税者はこれを検証することができないという問題（シークレット・コンパラブルの問題）が残る。
28) ただし，外資系日本支店への適用にあたっては，本支店間のローンはここには含まれない。そもそも本支店間の内部利子は損金算入できないからである。
29) 平成25年4月1日以後開始する事業年度より適用。
30) その趣旨は，適用対象法人が国内関連者等に貸付を行い，利子を受け取ることによって，純支払利子の額を少なくするという制度逃れを防ぐためである。

参考文献
青山慶二「国際課税の基礎知識第4回　非居住者・外国法人の課税制度」（2007年12月，TKC税研情報）
青山慶二「国際課税の基礎知識第5回　移転価格税制・過少資本税制」（2008年2月，TKC税研情報）
赤松晃『国際課税の実務と理論―グローバル・エコノミーと租税法―』〔第3版〕（2011年，税務研究会出版局）
川田剛・徳永匡子『OECDモデル租税条約コメンタリー逐条解説』〔2008年改正版〕（2009年，税務研究会出版局）
佐藤正勝『国際租税法　入門編・基礎編』（2011年，アイ・アソシエーツ出版）
三木義一・前田謙二『よくわかる国際税務入門』〔第3版〕（2012年，有斐閣選書）
望月文夫『図解　国際税務』〔平成23年度版〕（2011年，大蔵財務協会）

渡辺淑夫（編集代表）『国際税務の疑問点』（2010年，ぎょうせい）

おわりに　英語力の伸ばし方

　最後になりますが，外資系企業では日常的に英語を使って仕事をしますので，英語力の伸ばし方について述べてみたいと思います。外資系企業には英語の達人の方が多いのは当然ですが，経理部門はスキル中心に採用されるケースが多く，意外と英語が苦手な方もおられることがあります。

　とはいうものの，筆者自身，英語の達人でもなく，むしろ英語で苦労した人間でありますので，英語力アップのために相当時間を費やしてきました。今から振り返ると無駄な努力も多かったのですが，こうしたらよかったと思えるポイントを最後に述べさせていただきたいと思います。

　筆者の場合，大学受験時にリスニングテストはなかったですし，英語と言えばもっぱら和訳・英訳・文法等，紙の上での「勉強」が中心でした。大学時代も，英語は必須の講義のほか，学部の講義で，J.Mケインズの『雇用，利子及び貨幣の一般理論』を原書でノロノロと読む機会があった程度で，特に海外生活にあこがれていたわけでもなかったものですから，英語とは無縁に過ごしておりました。

　大学卒業後も日系の保険会社に勤務しておりましたので英語を使う機会はほとんどありませんでした。

　ところが34歳で初めて外資系コンサルティング会社に転職し，状況は一変しました。チームの上司はアメリカ人，社内メールは英語，同僚にはいろいろな国のコンサルタントがいますし，日本人でも海外MBAをもっていたり，帰国子女がいたり，普通に英語が使われる環境に突然置かれることになりました。

　また，某外資系金融機関においてグローバルでERPを導入するというプロジェクトにアサインされ，さまざまな国からコンサルタントが集まり，多国籍チームの中で仕事をするという環境下に置かれることとなりました。

　そこで最初は，やみくもに，英会話学校に通ったり，NHKラジオ講座や英語CDを聞いたり，Timeなどの洋雑誌や英字新聞を読みはじめたり，いろい

ろ試してみましたが，続きませんでした。

　そんな中で，手当たり次第にやるのではなく目的をもって臨む必要があると悟り，まずは人の言っていることを少しでも正確に聞き取れるようになろうと，最も弱いリスニングを強化することを開始しました。

ポイント1：仕事の英語の第一歩はまずはリスニング力

　当初は「音声」としての英語になじむのにとても苦労しました。上述の通り今まで耳から英語に親しんできたわけではなかったので，英語独特のリズムやイントネーションのパターンがわからず，目ではわかるのに音声としては判別できない言葉がたくさんありました。

　また，返り読み[1]という受験英語の悪い癖があったので，英語をそのままの流れで聴いて理解する，ということに慣れるのも時間がかかりました。

　そんな中で自分にとって最も効果があったのは，ディクテーションと音読でした。ディクテーションというのは，聞こえてくる英語を速やかに紙に書き取るという作業で，自分の聞き取れない単語を確実に把握できます。はじめは，ゆっくりめのスピードのCDを使うことがポイントです。いきなり速いスピードのものを使ってもどこが聞き取れないのかわからず，自信を失くすだけです。ディクテーションによって，この単語はこう発音するのかと新たな発見をしたり，アクセントやリズム，音の強弱など英語発音の法則が耳で理解できるようになります。これを繰り返すことで，聞き取れない単語が徐々になくなってきますし，徐々に話すスピードも速い教材を使ってゆくとスピードにも慣れるようになってきます。一方で，量をこなす必要もありますので，NHKラジオ講座[2]を中心にCDを毎日通勤時に聞くことを習慣づけました。

　音読は，CDで発音される通りに発音をまねて何度も口に出すことですが，多くの英語の達人の先生が音読の有効性を強調されています[3]。やはり口に出せない言葉は話せません。

　しかし，この訓練をやってもすぐには伸びている実感がわきませんが，1年

経ったあたりから，訳さずに結構聴けるようになっている自分に気づきました。英語力アップには「忍耐」が必要で，数年間継続的に続けることが必要です。まさに「継続は力なり」です。

> ポイント2：会話力のアップには中学校の英語が強い味方

　人の言っていることがある程度聴くことができるようになったら，自分の会話力をアップすることが自分にとっての次の課題でした。当初は多くの市販の英会話書籍にあるように，シチュエーション別に使える表現を覚えていこうとしましたが，あらゆるパターンを覚えられるわけはなく，当然挫折しました。

　こうした中である英語の達人の方から中学校3年間で習う英語を徹底的に身につければビジネスでは十分通じるよとのアドバイスをいただき，中学校3年間で習う英語の文法・表現・構文を復習し，瞬時に口に出せるように努めました。

　当初は本当に中学英語で十分なのかと馬鹿にしかかっていたのですが，これを自由に駆使できるかというと結構至難の業であることに気付きました。確かに中学英語は基本構文のエッセンスが詰まっていますので，話す際の文章の幹がしっかりとしてきます。

　私が使ってよかったと思える教材は下記のとおりです。
- 森沢洋介著『どんどん話すための瞬間英作文トレーニング』シリーズ（ベレ出版）
- 國弘正雄・千田潤一・久保野雅史著『英会話・ぜったい・音読』シリーズ（講談社インターナショナル）

> ポイント3：自分の興味ある分野の本を読んでみる

　こうして英語の世界に慣れてくると，自分の興味のあるテーマの本を英語で読んでみようとか，いろいろ意欲が出てきます。英語の達人の先生も多読の有

効性を強調しておられます[4]が，まずは薄くて簡単な本を中心に1冊読み切ることがポイントです。1冊読み切ると自信につながりますし，読んだ本を記録（Record Reading）していくと結構持続するものです。薄い本としてはペンギン・リーダーズ・シリーズのようにレベルが明示されているもの（GR: Graded Readers）がよいと思います。まずは一番優しいレベルの最も薄いものからスタートして徐々にレベルを上げていくのが近道です。

続いて，ある程度多読に慣れた段階で，自分の興味のあるテーマの本を本格的に読んでみましょう。ビジネスマンにとっては，やはりビジネス洋書がふさわしい[5]のですが，オーディオブックで出されているものを読めば，リスニング力の訓練にもなります。

経理部門の方の場合，普段仕事で会計英語に接しているわけですから，会計やファイナンスに関する洋書を読むと結構すっと入るように思えます。また実際に仕事にも使えますから一石二鳥だと思います。

英語教材も兼ねた書籍として次のようなものがあります。for Dummiesはさまざまなジャンルの入門書を扱う出版社であり，簡易な英語でわかりやすく書かれています。中にはオーディオブックが出ているものもあります。

- John A. Tracy, CPA "Accounting for Dummies"
- Lita Epstain "Reading Financial Reports for Dummies"
- Steven Collings "IFRS for Dummies"
- Mark Holtzman "Managerial Accounting for Dummies" 等

> **ポイント4：語彙力強化は仕事に関連するものから始める**

語彙力も増やしていくにこしたことはありませんが，若いうちはまだしも，30歳を超えて単語集で効率的に増やしていくのは非常に難しいと感じました。またさまざまなジャンルを網羅するように増やしていくよりは，自分の仕事に関連するジャンルに絞りこんで増強する方が実際に業務でも使用できますので，有効だと思います[6]。

経理部門の場合，まずは中高で習ったボキャブラリーを復習して足腰を固めたうえで会計用語のボキャブラリーを増強するのが得策でしょう。ポイント3でも述べたように，会計やファイナンスの洋書を読むことで，ボキャブラリー増強にもつながりますので，お薦めです。

以上，上記アドバイスは，著者と同様の境遇の方へのエールになると幸いです。外資系企業でも英語はあくまでもツールであって，仕事を進めていくことが本筋ですので，仕事の英語を中心にマスターしていくことが望ましいと思います。

本書の読者の皆さまには，英語で経理の仕事がスムーズに行えるようになることを祈念して筆をおきたいと思います。

青山　隆治

(注)

1) 返り読みとは。英語を英語の語順の通りに読むのではなく，日本語の語順の通りに，つまり和訳を意識して読む読み方のことをいう。
2) NHKラジオ講座のCDは別売されているがお金もかかるので，筆者は現在トークマスター（サン電子）という予約録音ができる機器を購入し，これをi-podにダウンロードして聞く方法をとっている。
3) 國弘正雄著『國弘流英語の話し方』（たちばな出版）
4) 林剛司著『英語は「多読」中心でうまくいく！』（ごま出版）
5) 三浦哲著『できる人はビジネス洋書を読んでいる』（あさ出版）
6) 神田昌典著『英語の近道』（フォレスト出版）でも，自分の専門分野に関連する，60分収録のCD3枚分の英語を頭の中に入れることを推薦している。

索引

英字

APA:Advance Pricing Arrangement···131
Arm's Length Price ············122
BAU予算 ····················82
BI(ビジネスインテリジェンス)ツール···79
COSO ······················54
COSO ERMフレームワーク········56
COSOキューブ ················55
COSOフレームワーク············54
ERP(Enterprise Resource Planning)···13
FATCA:Foreign Account Tax Compliance Act···141
Forecast ····················74
Initiative予算 ················82
Key Driver ··················78
Key Matrix ··················78
Key Performance Indicator (KPI)···78
LOB:Limitation of Benefit ········90
OECDモデル条約 ··············90
PEなければ課税なし ···········117
Public Company Accounting Oversight Board···53
SBPOA ·····················22
SMART ·····················78
SOX法 ······················53

あ行

アウトバウンド(Outbound)税制···142
アメリカ財務省モデル条約··········90
移転価格····················122
移転価格事務運営要領·············143
インターカンパニー勘定············36
インバウンド(Inbound)税制······87
ウォークスルー·················64

か行

外貨建取引····················32
外国口座税務コンプライアンス法(FATC:Foreign Account Tax Compliance Act)···········141
外国法人·····················94
過少資本税制·················134
過大支払利子税制···············137
監視活動·····················58
還付請求····················118
関連者純支払利子等·············138
帰属主義····················117
機能通貨·····················31
機能別組織····················81
基本三法····················127
業務記述書····················60
居住者証明書·················117
居住地主義····················89
寄与度利益分割法···············127
組替仕訳·····················27
グリーンフィールド投資············5
経済的利益の供与···············122
原価基準法···················127
源泉地主義····················89
源泉徴収免除証明書·············105
公開会社会計監視委員会(PCAOB:Public Company Accounting Oversight Board)···53
恒久的施設(PE)···············95
合同会社···················48,92
国外関連者··················124
国外関連取引·················124
国外支配株主等················134
国際課税原則·················117
国際税務検討ルール··············89
国内源泉所得··················94
国連モデル条約················90
固定費予算···················80
コミットメント·················69

さ行

サーベンス・オクスレー法(SOX法)···53
再販売価格基準法···············127
債務者主義···················110
差分仕訳·····················27
3カ月ルール··················35
残余利益分割法················127
シークレット・コンパラブル········144
シェアードサービスセンター(SSC)···12
資金供与者等·················134
事前確認(APA:Advance Pricing Arrangement)···131

153

質問書	60	ネッティング	39
使用地主義	110	納税の猶予	130
情報とコミュニケーション	57		
所得源泉地の置換え規定	112	**は行**	
推定課税	132	買収・合併	5
総合課税	100	配賦仕訳	39
総合主義	117	比較利益分割法	127
相互協議	130	「非GAAP」利益	71
双方居住者の振分け	98	非居住者や非永住者	94
ソース・ルール	100	ビジネスケース	83
租税情報交換協定	91	表示通貨	32
租税条約	88,90	プーリング	39
租税条約に関する届出書	116	フォーキャスト	74
		複数帳簿管理	29
た行		プリザベーション・クローズ	142
対応的調整	130	フローチャート	60
単一帳簿管理	27	フローチャート・ロジック定規	61
短期滞在者免除（183日ルール）	120	プロフォーマ情報	84
単純購入非課税	97,117	分離課税	100
地域統括会社（部門）	6	ベストプラクティス	26
調整所得金額	138	変動費予算	80
直接投資	3	ホーム・リーブ通達	143
定型仕訳	39	本国基準帳簿	27
統制活動	57	本店配賦費用	99
統制環境	56		
ドキュメンテーション・ルール	144	**ま行**	
特典条項に関する付表	116	マッピング	38
特典制限（LOB）	90	マトリックス型構造	6
独立価格比準法	127		
独立企業間価格	122,124	**ら行**	
独立企業原則	117	リスク評価	57
取引単位営業利益法	127		
取引通貨	32	**わ行**	
ドリル・ダウン	39	ワークフロー	39
トレッドウェイ委員会支援組織委員会(COSO)	54		
な行			
内国法人	94		
内部統制報告書	54		
二重課税問題	89		
日本基準帳簿	27		

著者紹介

青山　隆治（あおやま　りゅうじ）（担当：第1, 2, 6章）
【略歴】
大阪市立大学経済学部卒業。筑波大学大学院ビジネス科学研究科博士前期課程修了。税理士・公認内部監査人。

日本生命保険（主計部等），プライスウォーターハウスクーパースコンサルタント㈱等を経て，現在，リソース・グローバル・プロフェッショナル・ジャパン㈱　コンサルタント。主にグローバル企業に対して経理・財務領域での課題解決サービス提供等，多国籍環境下にある経理・財務の実務の現場で活躍している。また，青山隆治税理士事務所代表としても活躍している。

【著書・論文】
「個人の金融所得課税のあり方について─金融資産滅失損の控除に関する一考察─」（2006年・第15回租税資料館賞奨励賞受賞論文）
『キャリアアップを目指す人のための「経理・財務」実務マニュアル　上・下』（共著・2012年・税務経理協会）

大塚　裕（おおつか　ゆたか）（担当：第3, 4, 5章）
【略歴】
明治大学商学部卒業。公認会計士・米国公認会計士（カリフォルニア州）。

監査法人にて日本企業および外資系企業の監査業務に従事した後，外資系企業の経理担当マネジャー等を経て，日本企業と米国企業の合弁会社にて財務担当ディレクターとして財務経理業務全般を担当。現在，外資系企業のCFOとして財務経理業務全般を統括。

外資系CFO＆コンサルタントが書いた
外資系企業経理入門

2013年3月1日　初版第1刷発行

著　者	青山　隆治
	大塚　　裕
発行者	大坪　嘉春
製版所	美研プリンティング株式会社
印刷所	税経印刷株式会社
製本所	株式会社三森製本所

発行所　東京都新宿区下落合2丁目5番13号　株式会社 税務経理協会

郵便番号　161-0033　振替　00190-2-187408
FAX (03) 3565-3391
電話 (03) 3953-3301 (編集部)
　　 (03) 3953-3325 (営業部)
URL　http://www.zeikei.co.jp/
乱丁・落丁の場合はお取替えいたします。

Ⓒ青山隆治・大塚裕　2013　　　著者との契約により検印省略

本書を無断で複写複製（コピー）することは、著作権法上の例外を除き、禁じられています。本書をコピーされる場合は、事前に日本複製権センター（JRRC）の許諾を受けてください。
JRRC〈http://www.jrrc.or.jp　eメール：info@jrrc.or.jp　電話：03-3401-2382〉

Printed in Japan
ISBN 978—4—419—05963—7　C 3034